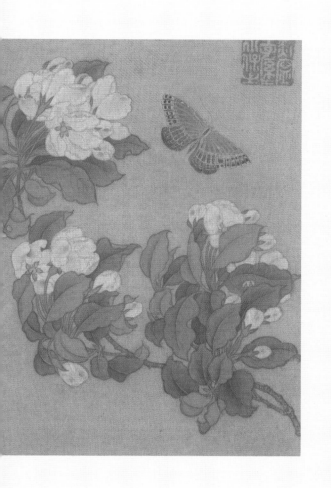

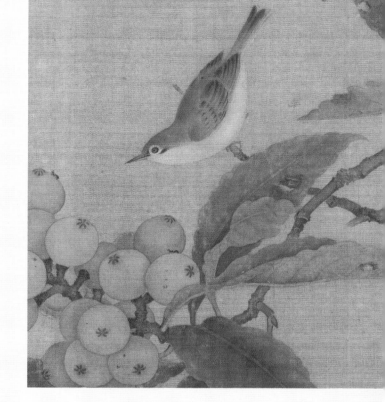

高等美术院校中国画教学丛书

宋人花鸟小品解析一

王岚 著

辽宁美术出版社

目 录

第一部分　简述

宋代的花鸟画，不论是大幅巨制还是小品，对于学习者、欣赏者来说，都能从内心体会到花鸟画带给人们的视觉美感。宋代花鸟画家对自然物象精妙的体察与理解，对绘画技巧的高超运用，都足以证明宋代是中国花鸟画发展史上的一个高峰时期，是工笔花鸟画的黄金时代。千年后的今天，观赏这精美灵动的画面，纯熟多样的表现技法，还是令人叹为观止，并不因年代久远而光泽暗淡。对于学习花鸟画的人来说，宋代花鸟画更是临摹学习的最佳范本。

宋人花鸟画多指五代到南宋这个时期。中国历史发展到宋代，随着经济、科技、文化的大发展，绘画也由唐代多以人物画为主的局面转变为多元绘画的新格局。山水、花鸟、人物、杂画形式多样，花鸟画更是达到了前所未有的新高度。宋代太宗雍熙元年（984）设立了翰林图画院，自此以后从事绘画的人才众多。两宋画院的画家，有名可查的就有二百二十人之多。其中有名的花鸟画家代表就有赵昌、易元吉、崔白、惠崇、刘寀、李安忠、林椿、吴炳、李迪、李嵩等（图1）。

皇室的倡导与参与为绘画的发展提供了必要的前提条件，也使花鸟画向更高的品位发展。花鸟画不论厅堂大幅，还是手中纨扇，都表现得精妙绝伦。北宋前期的花鸟画主要继承五代传统，画法多指宗黄筌、徐熙二体——西蜀黄筌和南唐徐熙，他们是对后来的花鸟画有着重要影响的两位画家。黄筌的花鸟画多画宫廷中的珍禽异兽，奇花异草与怪石，画法工整艳丽，形神兼备，他的画具有精谨艳丽的富贵气，称为"黄筌富贵"（图2）。徐熙的画直接用墨笔画出物象形态，然后略加色彩，多取材于

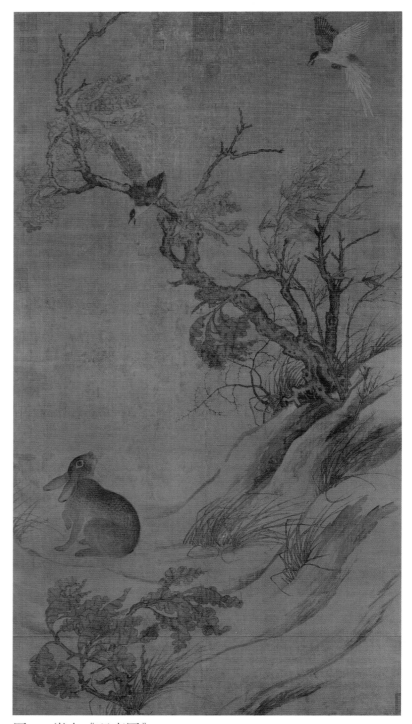

图1　崔白《双喜图》

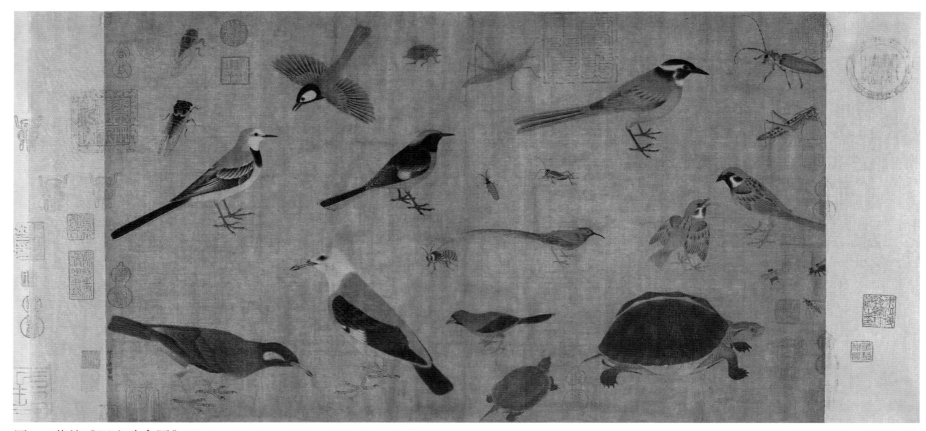

图2　黄筌《写生珍禽图》

田野风光，所绘景物多为汀花野竹、水鸟渊鱼、园蔬药苗，称为"徐熙野逸"（图3）。相对徐体的"水墨淡彩"，黄体"勾勒填彩，旨趣浓艳"的富贵风格更为当时世人所尚。北宋后期，由于宋徽宗赵佶对绘画的特殊爱好，他作为一位花鸟画的实践者，在其大力倡导下，花鸟画以院体为主流进一步发展，工笔花鸟画达到巅峰水平，一直延续到南宋宁宗、理宗时期。作品呈现出多样化的局面，如工写结合、墨彩兼施、花鸟与树石山水相配合等，形成了新颖多彩的面貌，不仅有小幅册页，还有长幅巨制，风格多以严谨、精巧、工细见长。画面小中见大，意趣无穷，这也是宋代花鸟画极富特色的地方。

宋代的花鸟画重视写生。所谓写生，是讲描写物象的鲜活气息，即"写物之生意"，也就是探求物象的精神本源。宋代程朱理学的"格物"对花鸟画的创作也有着间接的影响。所谓"格物"，即对自然外物的每一细微之处都要仔细观察、认真研究，以达到通晓事物的真正道理。宋徽宗不但自己创作了大量优秀花鸟画作品，而且还指导画院的学生学习。他对花鸟画的创作，十分强调细心观察，注重写生，讲究求"理"。画花要讲究朝暮四时变化的不同，对一花一叶的描写，绝不概念（图4）。宋代花鸟画对鸟的描绘绝不是表面的描摹，而是经过长期的观察与理解来描绘的，是画家长期与鸟为伴观察的内心体会，是心象、心形。北宋韩若拙画鸟，自嘴至尾、足皆有名。傅文用画鹁、鹊能分出四时羽毛。今天用相机很容易捕捉花与鸟的外形，但往往不传神。宋代的写生并不像现今有的似照片式的写生，画完之后如标本一般。宋人的花鸟画，是生活中的真切体验，绝非观察十天半个月所能体会得到的，没有长期的观察绝对画不出这样惟妙惟肖、充满灵性的花与鸟。

今天，我们看到的宋人花鸟小品，有的为纨扇的扇面，有的是装饰家具的贴络和灯片，多为实用器物的装饰品，大多是佚名的。虽是无名氏的作品，但画面表现得完美自然，技法娴熟，显示画者绝非一般的功力与修养。这些花鸟画作品构图生动、简洁，主题突出，描绘精密，题材广泛。从大自然瑰丽景色到细小的野花闲草、蜻蜓鸟虫，无不被捕捉入画，而运以精心，出以妙笔。虽说是小品，却俨然全境、宛然大气魄，

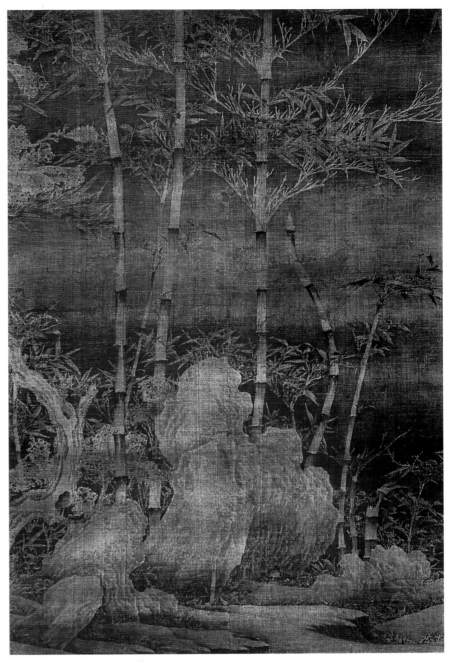

图3　徐熙《雪竹图》

达到了无可置疑的境地。这些花鸟画作品虽小不盈尺，但精美绝伦；虽历经千年战乱，却流传至今。宋人花鸟画的高度与成就，如唐诗与宋词，是时代的大成就，早已成为传统绘画的经典。

这些画幅不大，绝无轻心率意的制作精良的宋人小品，是我们研究和继承传统绘画的优秀教材范本。但因年代久远，多数漫漶不清，使初学者望而却步。为了便于临摹，本书清晰地还原了与原作相对应的白描稿及作画步骤图示，希望能对初学者研究传统绘画技法特质和体悟中国画精神品格、意蕴有所启发和参考。

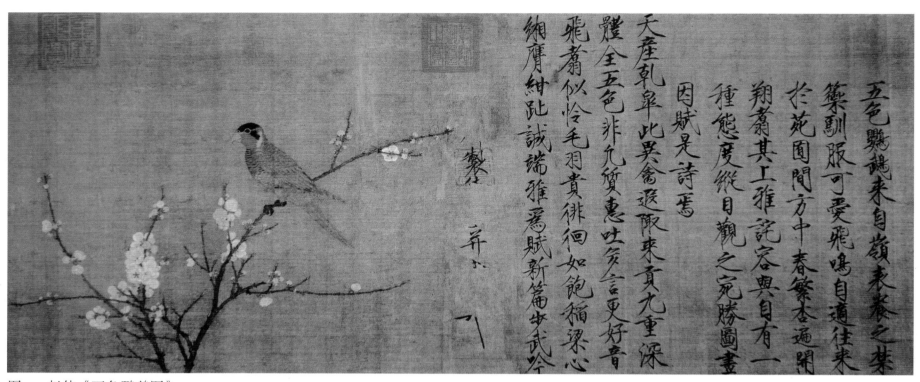

图4 赵佶《五色鹦鹉图》

第二部分 宋代花鸟画临摹技法要点

一、临摹的概念、意义及方法

临摹是学习中国画的传统方法，是研究借鉴前人的经验，并通过临摹课稿，认识工具与材料的性能，研究古人在用笔、材质、色彩和章法等方面的运用，掌握基本的表现技法，体会、感受原作的意境、气息和审美情趣，追本溯源，提高自身修养和对传统绘画的认知能力。

临和摹是两种不同的概念。临是面对临本，起稿、勾线、着色，照着原作边看边画，又称对临。对于初学者来说难度较大，需要很强的造型能力，但通过起稿的练习，对原作会有更深刻的认识，收获相比摹写要大些。摹又称透临，是把纸或绢蒙在原作上，把画稿直接拷贝下来，再照着原作勾线上色，形比较容易把握，但对造型的体验没有自己起稿理解的深刻。临和摹这两种方法，在六法中称之为"传移模写"。

临摹时，不管是什么临本，首先最重要的就是认真"读画"。要仔细观察研究所临摹的作品，体会研究其用线、造型、技法、章法、立意、布局等方面的特点方法。领会其内在精神与审美情趣。临摹时体会得越多，收获就越大。

重彩临摹是在起稿、拷贝、勾线后，重点研究的是重彩技法问题。（1）研究具体的着色技法。（2）研究色彩明度、色彩倾向、色块大小等色彩安排。（3）研究材料性能，如纸本还是绢本，用的什么颜料。临摹是学习的一种手段而不是目的。临摹不同于复制，古画中有缎纹、污渍和剥离等现象在临摹时不要一一作出。

二、工具与材料

画好工笔画，工具和材料是必不可少的。正所谓"工欲善其事，必先利其器"。因此，认识和了解工具和材料的性能、特点是很有必要的。这样才能更好地运用自如，画出好作品（图5）。

（一）毛笔

工笔画对笔的选择主要有勾线笔和染色笔两种。工笔画对笔的质量要求较高，应选取正规厂家制作精良的上品为佳。

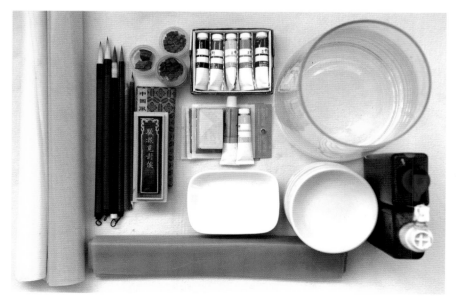

图5 工具与材料——笔墨纸砚

1. 勾线笔：以硬毫为主，这种笔弹性好，吸水性强，以兔、豹、獾、鼠、狼类的毛制成。勾线笔有两种：一种为长锋，如衣纹笔、叶筋等，宜勾长而粗、线型变化较大的线，这些笔有大、中、小号之分。另一种为短锋，如红毛、蟹爪、紫圭，这类笔腰粗、锋细长，宜勾短而细的线，型号有大、中、小之分。

2. 着色笔：可分为软毫笔和兼毫笔两种。

软毫笔：以羊毫为主，含水量丰富柔软，有一定弹性。如大提笔，斗笔，大、中、小楷笔。用于渲染或平铺大面积颜色最为适宜。

兼毫笔：主要是白云笔。用软硬两种毫制作而成，以狼毫为柱，羊毫为被，性能介于狼毫和羊毫之间。既有羊毫藏水量较大较柔软的特点，又有狼毫劲健的特点。作为工笔画的渲染用笔是比较理想的工具，有大、中、小号之分。

染色笔要多备几支，可以把染墨、染透明色、染石色和染白粉的笔相互分开使用，既方便快捷，颜色又不互相干扰。

如需作底色或大面积染色，应备几支排笔或底纹笔，以柔软的羊毫为宜，这种笔平铺大面积颜色最为合适。

3. 鉴别毛笔优劣的标准

①尖：指毛笔的笔锋尖锐，把笔毛收拢理直观察，不秃尖，也没有一根毫毛特别伸出来。

②健：指笔劲健有力，不掉毛，无论顺、逆、方、圆的转动，提起后，笔锋能恢复原状。要避免大肚子或开叉。

③齐：指把笔锋铺开压扁，其笔毛齐整、平正而不是参差不齐。

④圆：指笔头圆浑饱满，笔杆也要圆，这样才能运转灵活自由。

（二）墨

墨有油烟墨、漆烟墨、松烟墨三种。

油烟墨：是用油料燃烧后，收集其烟所做的墨，有光泽，可浓可淡，勾线、渲染均可。

漆烟墨、松烟墨：分别是用生漆和松树油燃烧后，收集其烟所制成的墨。松烟墨无光泽，黑而蓬松，不宜表现浅色的对象，宜渲染毛发、绒毛类等物象。

利用优质墨块研磨出的墨最好。上等的陈墨好于新墨，现在为了使用方便，多用墨汁作画。常用的有中华、一得阁、曹素功、胡开文等。工笔画不宜用宿墨（隔夜之墨）或已干之墨，因为宿墨胶轻、附着力差、颗粒粗、沉淀、有杂质，反复渲染易渗化，容易出墨边或不匀，托裱时也容易掉。作画时用墨要随用随倒，墨块要现研现用。瓶装墨汁和刚研好的墨都很浓，应加水后再用。

（三）纸、绢（宋代花鸟画大多为绢本）

1. 纸：工笔画用纸，要用矾好的熟纸。以质地薄厚、均匀柔软的棉料为好，胶矾要适中。常用的纸有蝉翼宣、云母宣、冰雪宣、清水宣等。云母宣以纸面闪见一种闪光小白点状如云而得名。冰雪和清水较厚，宜画有特殊肌理或质地比较粗糙的对象。而蝉翼、云母较薄，宜画精细渲染、面积较小的作品。

熟宣有正反之分，正面纹理清晰、平整，背面较粗糙，常有排刷走过的痕迹。

2. 绢：绢是丝织品。古人大多用绢来作画，颜色有白、浅灰、仿古深浅色等多种。质量好的绢应打开后表面平整，不起翘，细密匀净，无抽丝、缎纹，颜色一致，胶矾适中无脆声，经纬线是相互垂直的。

（四）砚

砚的种类很多，墨块磨墨作画时，应选择石质坚细、硬度高、磨墨时易下墨不泛起石屑的砚台，一般用石砚即可。砚以广东端溪产的端砚、江西婺源产的歙砚最好。

（五）色

中国画的颜色分为水色和石色两种。

水色：包括植物颜色和动物颜色两种。水色透明，易溶于水，是作画渲染时的用色。常用的颜色有花青、藤黄、胭脂、曙红、牡丹红等。

石色：又称矿物质颜色，这种颜色不透明，不溶于水，覆盖力强，以天然矿石为原料，经过粉碎、研磨、漂洗、胶液、悬浮、水飞、箩筛、分目等一系列工序精制而成。常用的颜色有朱磦、朱砂、石青（分头青、二青、三青、四青等）、石绿（分头绿、二绿、三绿、四绿等）、石黄、赭石及白粉等。

现在市面上可以买到的颜料一般有两种：一种是锡管颜料，直接挤出即可使用，比较方便。另一种是小块装和小袋粉状的颜料。粉状颜料需要调胶使用，颜色纯好，但没有管装和块装的使用方便。画工笔画时，普通锡管的花青、藤黄、赭石三种颜色因颗粒粗、易沉淀，应选用锡管装高级国画颜料或块装的颜料。

（六）胶矾

胶矾是起固定作用的。矿物质颜料易脱落，胶矾可用来加固矿物质颜料。绘画过程中，绢如有漏矾情况时，能用胶矾水来补漏。常用的胶有骨胶、明胶，用时需用温水化开。矾即明矾，用凉水化开即可。

固定颜料和补漏用的胶矾水混合比例为：胶 7 矾 3。矾的比例不宜过大，矾的比例过大，渲染比较困难，有涩和泛白情况，渲染不开。作画时画面漏矾面积不大，可直接化些胶用软毛笔轻刷一至两遍即可。

（七）笔洗、调色盘

笔洗和调色盘选择瓷的最好，笔洗有盛水的，有洗笔的。也可用其他器皿代替，如玻璃瓶等。笔洗要勤换，调色盘选用多个小白瓷碟即可。

第三部分　临摹技法

一、勾线

（一）执笔

工笔画的执笔方法与书法的执笔方法相同。执笔时，拇指、食指和中指紧握笔杆，用无名指和小指抵住笔杆。拇指和食指起提拿毛笔的作用，中指和无名指起推拉运转笔杆的作用。执笔时一定要指实掌虚，"指实"是说拿笔的力量要充分，"掌虚"是让手指与手掌之间有一定的空间，使毛笔在手中有较大的回旋余地。握笔用力要适当，不能拿得太僵，要做到自然、灵活（图 6）。

线条的勾勒主要是使用腕力，要既轻松又有力，是用腕、肘、臂部相应配合。勾短线时，手指和腕部配合即可。勾长线时除了用腕部，还要加上肘部的配合。腕部要在绢或纸上做到匀速移动，这样勾出的线条才均匀，加上手指、肘部的配合，线条能产生富有节奏的变化。勾线时要注意力集中，下笔之前应对线条的长短、粗细、起止做到心中有数，这样才能自如发挥。

（二）用笔

用笔可分为中锋、侧锋、顺锋、逆锋、顿挫等。中锋用笔是工笔画的基本笔法，指勾线时笔杆要稳定垂直，腕力注于笔尖，行笔时笔尖藏于笔画中央，不能偏露于外侧，线条才能圆润、流畅。

前人对用笔有着极其深刻的认识，早在谢赫的六法论中就提出"骨法用笔"，意思是说用笔要有功力，用笔要表现客观对象的内在本质属性。每一条线的勾勒大体可分为起笔、行笔、收笔三个过程，根据所表现对象的形、质不同，运笔中的起笔和收笔要有虚实变化，可分为实起实收、实起虚收、虚起实收、虚起虚收的笔法。实起笔时要"横画竖下，竖画横下"。起笔要藏锋，行笔要保持中锋运行。收笔时要"有往必收，无垂不缩"。如书法中的"欲左先右，欲右先左，欲上先下，欲下先上"之法。虚起笔、虚收笔时应做到尖入尖出，画出流畅自然之感，要做到"快而不飘，垂而不板，慢而不滞，松而不浮"。勾线时笔与笔之间要有联系，这样画出的线条生动而富有节奏，气贯始终。

二、设色

通过一段时间对白描的学习，掌握用笔及勾线的技巧后，就可以进行设色技法的练习。

（一）执笔换笔

设色时采用一手执两支毛笔的方法（一支为着色笔，一支为清水笔），分染时先用着色笔上色，然后再用清水笔晕染开，两支笔要经常快速地互换，以确保晕染得没有痕迹。

1. 两支白云笔，一支着色笔为正常执笔方法，另一支清水笔则在着色笔之后从食指与中指间穿过，并用拇指抵住（图 7）。

2. 食指与无名指抵着着色笔上扬，并松开拇指，使两支笔逐渐接近平行。之后用拇指压下着色笔，以使清水笔换到前面（图 8、图 9）。

3. 用拇指和食指根部夹住两支笔，撤出打开中指、无名指和食指（图 10）。

4. 用食指下按清水笔，中指和无名指回到清水笔的执笔位置，这样就把清水笔换到正常执笔方法上，着色笔则在清水笔之后从食指与中指间穿过，并用拇指抵住。整个换笔过程完成（图 11、图 12）。

换笔方法简单易学，但要想熟练掌握，还需要多多练习，所谓的熟能生巧。需要注意的是在开始的时候，尽量不要在画面上方换笔，以防毛笔掉到画上。

（二）设色步骤程序

设色大体可分为分染、罩染、衬染、醒线等。

1. 分染

分染也称打底色，画时用两支笔，一支笔蘸水，一支笔蘸

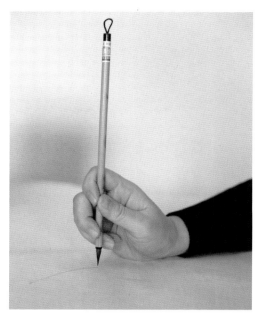

图 6　勾线执笔图

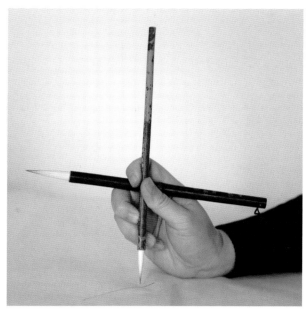

图 7　分染换笔图一

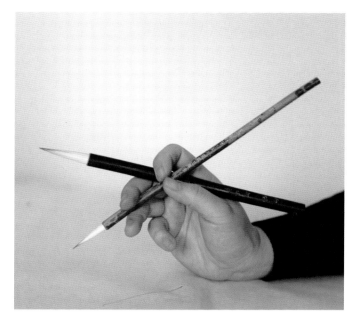

图 8　分染换笔图二

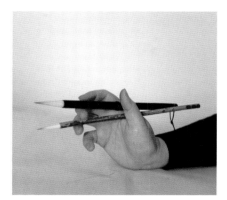

图 9　分染换笔图三

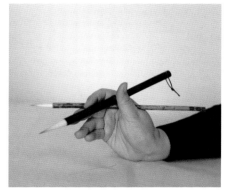

图 10　分染换笔图四

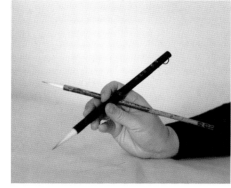

图 11　分染换笔图五

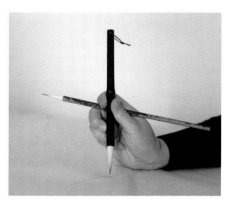

图 12　分染换笔图六

色。在勾线的基础上用墨或色分别按物象的深浅、明暗、起伏、转折等染出层次、变化，增加体感。分染时先用色笔从最深部开始染起，接着用清水笔轻刷使颜色逐渐向外晕开。由深到浅到无，分染时水笔的水分要适中，水笔的水分不要大于色笔的水分，不然容易冲乱，出现深边或水渍；如水分小就会染不开，有笔痕。

2. 罩染

罩染又称平涂，是在分染的基础上采用平涂颜色的画法。也可分深浅厚薄平涂。罩染可以起到统一色调的作用，罩染时颜色要薄，等颜色干后再涂，一遍不足可以再次罩染，逐渐染够到满意为止。罩染用笔要轻，不可以来回涂抹，以免把底色搅起。罩染如果是矿物质颜色或白粉，在反复赋色的过程中，为了防止出现底色泛起的现象，可以用胶矾水将已上的颜色固定，然后再染。矿物质颜色和白色染色时要以能透出绢纹和墨线为宜，不能厚到把墨线和绢纹完全盖死，不透气。

分染和罩染在设色时要细心，需经过数遍染成，不可急于求成。墨和色不宜过浓，古人有"三矾九染"之说，其意是形容染的次数之多，胶矾起固定颜色的作用，次数多为的是使墨或颜色既厚重又透明，也容易控制虚实关系。

3. 衬染

衬染又称反衬，是工笔花鸟画临摹过程的一个重要环节，是在绢的背面平涂颜色或白粉、墨等，目的是为了增加颜色的厚重感，以提高明度。反衬用色往往是不透明的石色，遍数不宜过多，颜色或白粉等要尽量调得适中，要稍厚重些，一两遍尽量完成，不可来回涂抹。

4. 醒线

醒线又称复勾，是完成作品的最后一步。由于渲染和罩色会把画面部分线条盖掉，要用色线或墨线重复勾一遍，目的是使轮廓更加明确、生动、鲜活。复勾一般使用比原来颜色更深的颜色，复勾时用笔要轻松自如，同原来的线条有出入，但没有关系，有时反而有丰富层次、增加厚度的效果。

第四部分　基本笔法

一、鸟的基本笔法

1.头部　2.羽毛、翅膀、尾　3.爪部

画嘴

画鸟嘴时先画中线，再画上部与下部线，线条要富有弹性。

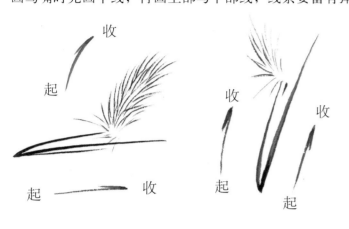

画嘴基本笔顺

先画中线，再画上部线和下部线。

1. 要注意三条线的长短粗细变化。
2. 三条线起笔处不要交会于一点，嘴下部线要往里收一些。
3. 线条要流畅坚挺，画出嘴的硬度。

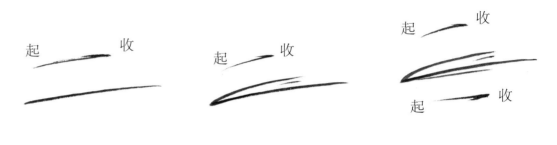

画头部的羽毛

要从前向后画，并注意韵律，虚起虚收，线条要流畅自然。

线条从前往后画，虚起虚收，呈渐变方式向后延续，用笔要轻松、连贯。

画眼睛时线条要圆润饱满，形成一个椭圆状黑瞳孔，应位于椭圆一侧，不画在圆的中心。

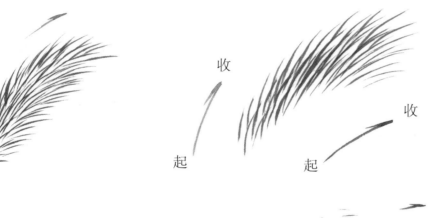

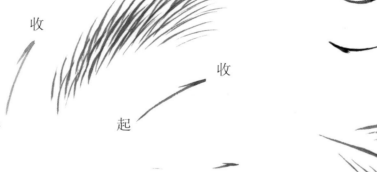

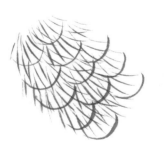

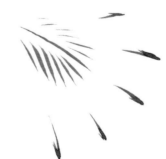

画单片羽丝用笔，呈放射状，虚起虚收。

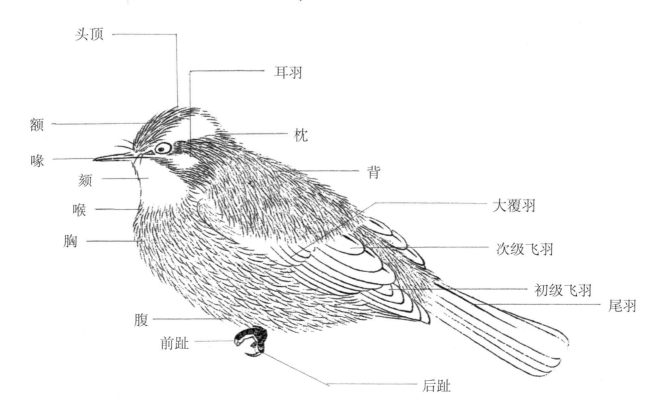

鸟的身体结构名称

画鸟爪部
要注意趾关节的骨节变化。

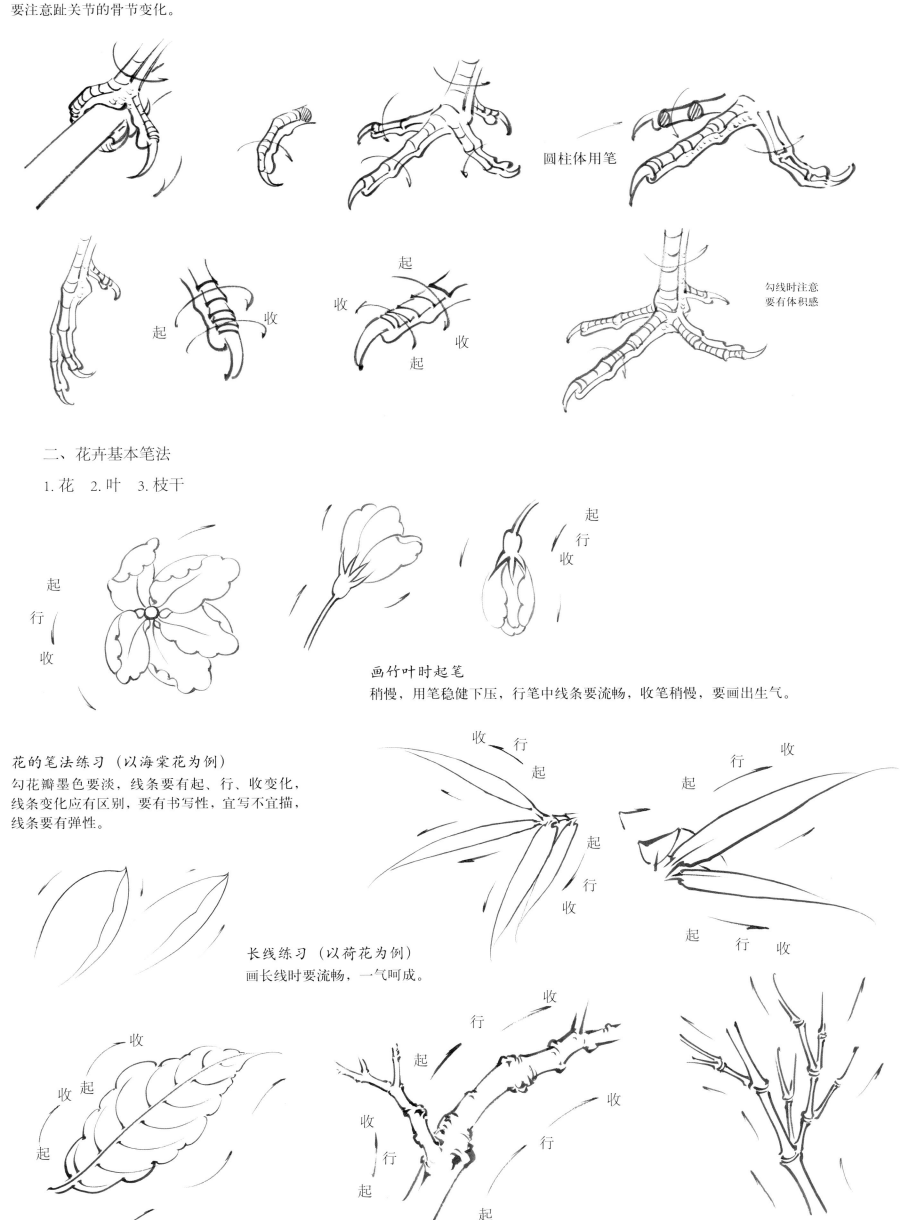

圆柱体用笔

勾线时注意
要有体积感

二、花卉基本笔法

1.花　2.叶　3.枝干

起
行
收

起
行
收

画竹叶时起笔
稍慢，用笔稳健下压，行笔中线条要流畅，收笔稍慢，要画出生气。

花的笔法练习（以海棠花为例）
勾花瓣墨色要淡，线条要有起、行、收变化，
线条变化应有区别，要有书写性，宜写不宜描，
线条要有弹性。

收　行
起

行　收
起

起
行
收

长线练习（以荷花为例）
画长线时要流畅，一气呵成。

收
收起
收
起

行
收

起
行

收
收
行
起

画树叶或花叶时勾线
要有起笔、收笔的变化，要有提、按、顿、
挫，长线条要流畅，富有弹性。

勾树干、花枝干时用笔要富有力度，用笔提、按、顿、
挫明显。顺着生长方向应势而画，线条长短要有区别，
形成节奏感，笔笔之间要连贯生动，具有书写性。

画竹枝用笔要有力度，注意起笔
和收笔变化，下笔要果断，不犹
豫，画出硬朗的感觉。

一、出水芙蓉图

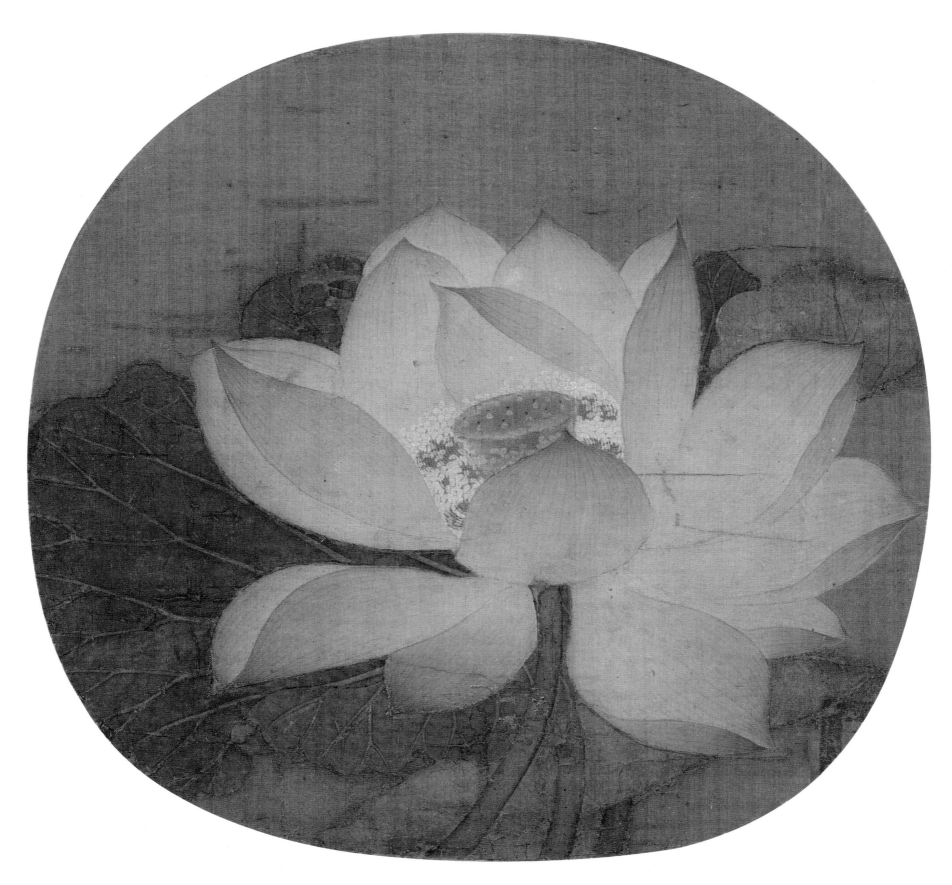

出水芙蓉图 佚名 绢本 23.3cm×24.4cm

　　画面无款。传南宋吴炳作，为典型的南宋折枝花卉。构图精简，荷花鲜活饱满，用笔精
巧，线条轻盈婀娜，设色精致富丽，晕染细腻，叶脉画得如隐隐突起，花瓣脉络丝丝可见，
充分体现了荷花的雍容华贵、生意盎然，为院体画中精品。

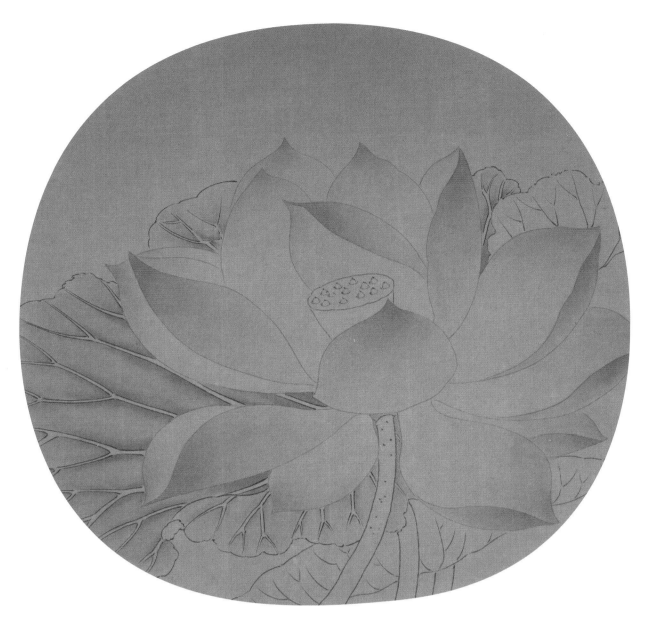

步骤一

　　以淡墨勾花瓣，用稍重的墨勾叶、茎、莲蓬。注意起笔、行笔、收笔的变化。花叶正面用花青墨分染，叶根处色重到叶尖渐淡，叶尖叶脉部分要留出空白。花瓣用曙红和胭脂分染，正面要比背面色彩鲜艳些，初学者可以颜色淡些，多染几遍，以便于比较和调整。

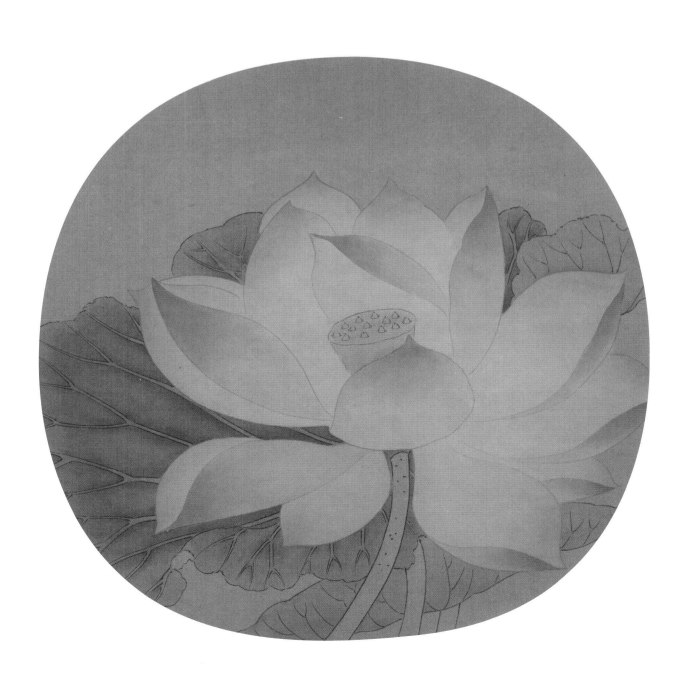

步骤二

　　用白粉薄薄平罩一层花瓣，然后从绢背面反衬白粉，不宜太厚。用花青和藤黄调成草绿色，染荷叶正面，用石绿染背面。

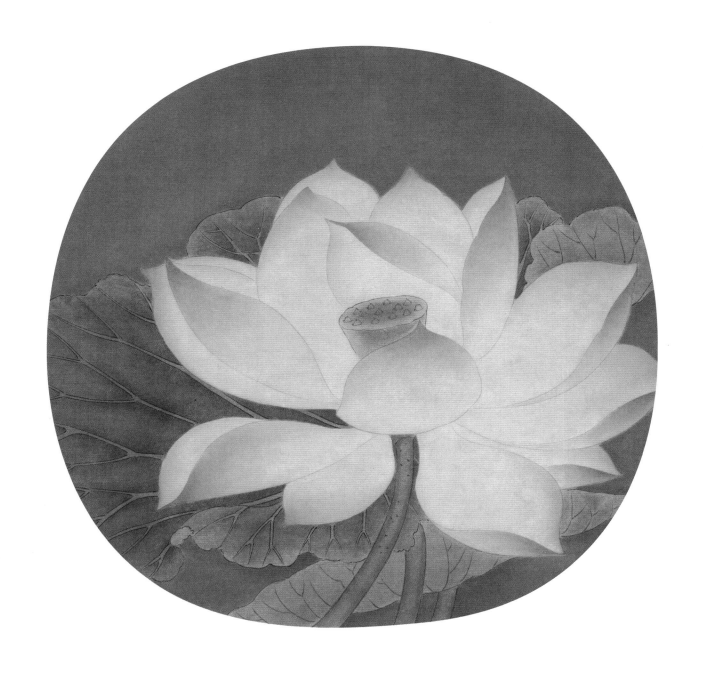

步骤三

继用白粉从花瓣根部提染，用赭石、花青、藤黄及墨调出暖灰色提染莲蓬、茎和反叶。用藤黄、墨、胭脂调成深赭色从正反两面染出画面的背景，亦可用茶水和其他染料配出，使之与荷叶、荷花互相衬托，融为一体。

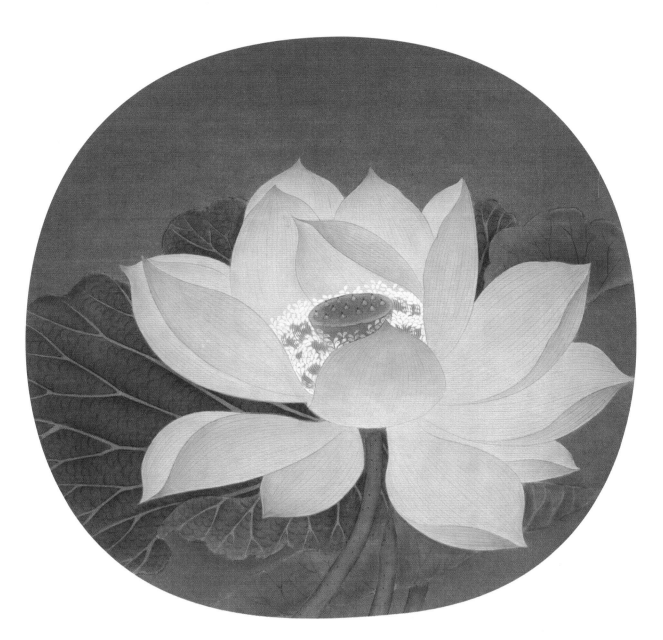

步骤四

用花青墨复勾叶脉，复勾时应注意线的颜色，复勾的色线要比墨线浅些，使之产生自然的变化，形成虚实变化，不呆板、不僵硬。

花瓣脉络用胭脂加曙红一笔细一笔粗交替勾出，间隔距离要均匀，水分要饱满，运笔要流畅，注意要随着花瓣的结构起伏变化来勾线。

花蕊沥粉前要用藤黄做足花蕊底色，用赭石勾出花丝，在此基础上沥粉，注意疏密要得当，生长姿态正确，力求在统一中求得局部的细微变化。

二、海棠蛱蝶图

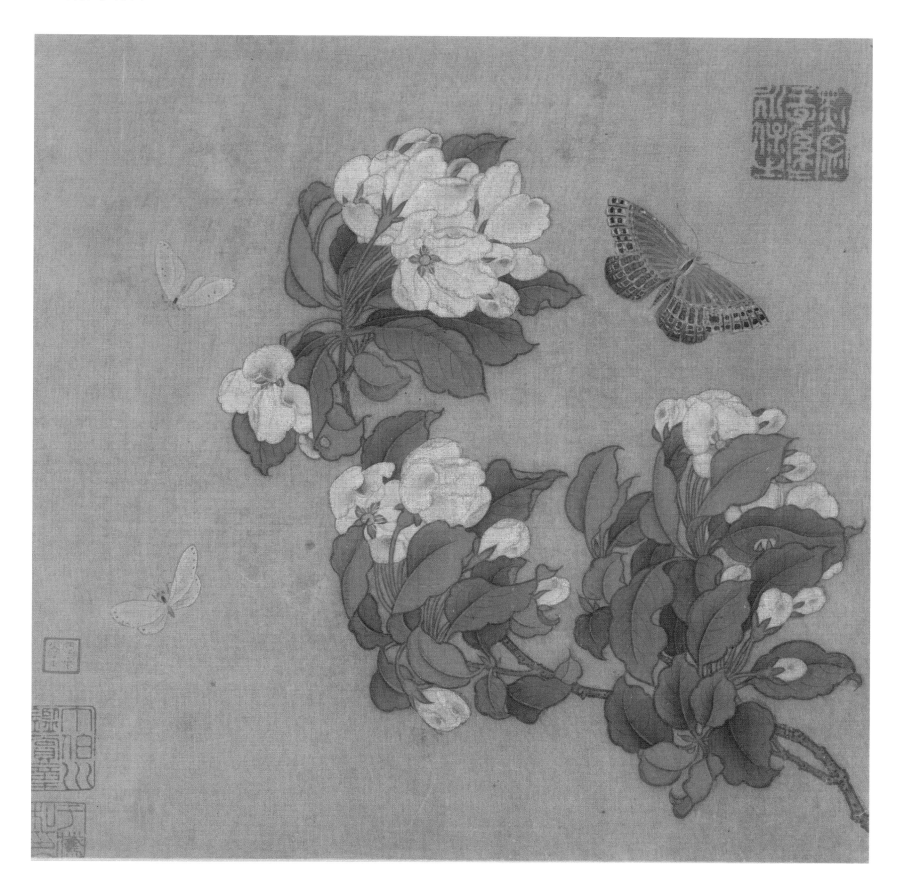

海棠蛱蝶图　佚名　绢本　25cm×24.5cm

　　此图表现的是三只蝴蝶和盛开的海棠花在迎风飞舞。作品构图精美，用笔沉稳，赋色浓丽。花叶通过墨和颜色层层分染，正反叶片交代清晰明了，衬托出姿态娇雍的海棠花。同时对花瓣用粉薄厚的精心处理，更使海棠花透明轻盈，似醉如羞。图上有"丁伯川鉴赏章"等藏印四方。

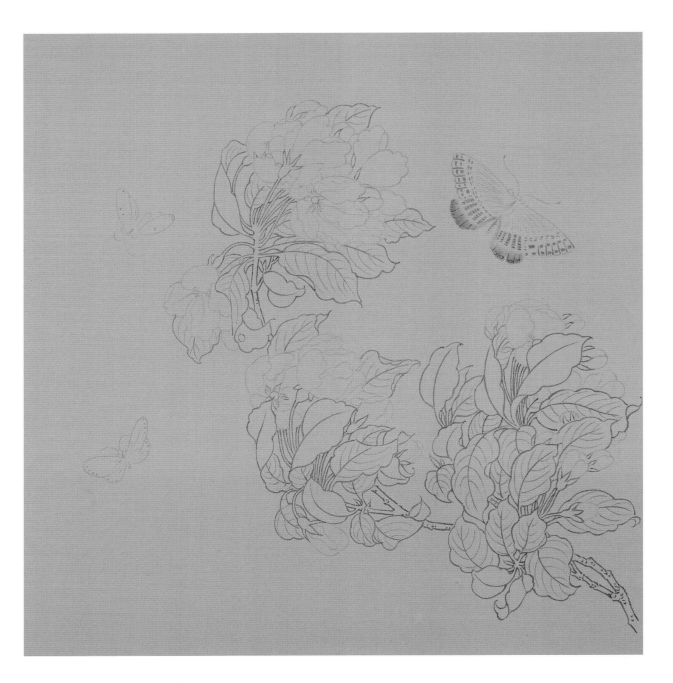

步骤一

　　用稍重些的墨勾叶、茎、干，叶筋用笔要纤细一些，与叶形成对比。海棠花、两只白蝶勾淡墨，花蝶用稍淡墨勾边线，重墨画墨块，最后用淡墨烘染。

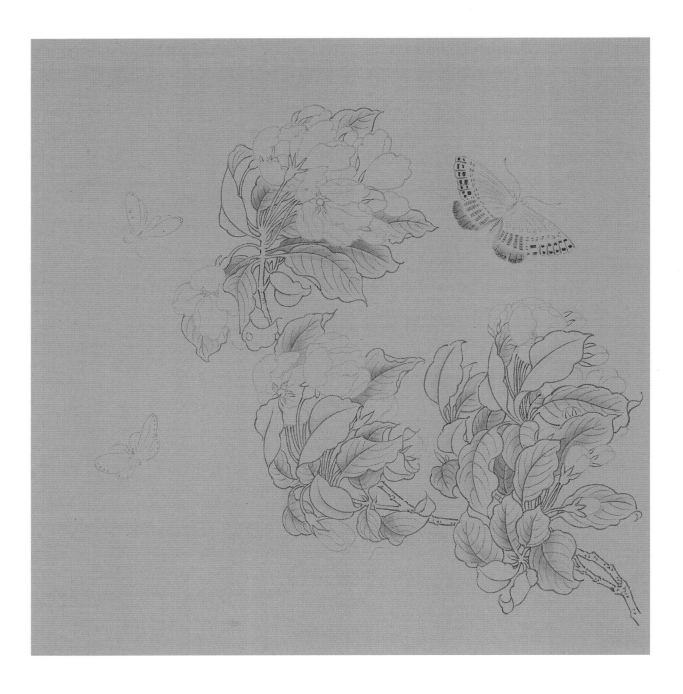

步骤二

　　用淡墨分染花叶，通过层层分染，把花叶的层次画出来。

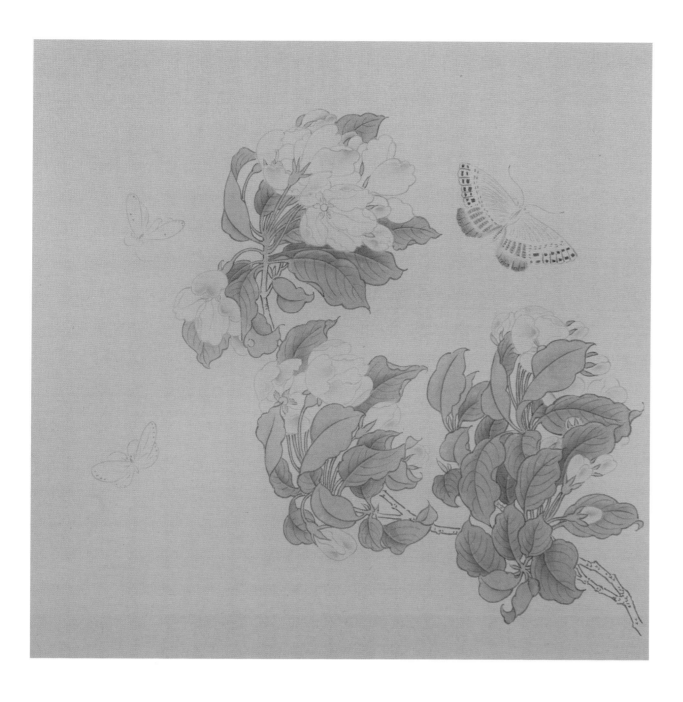

步骤三

　　用花青、藤黄调成草绿色罩染叶、茎，花用曙红分染，注意它的微妙变化。

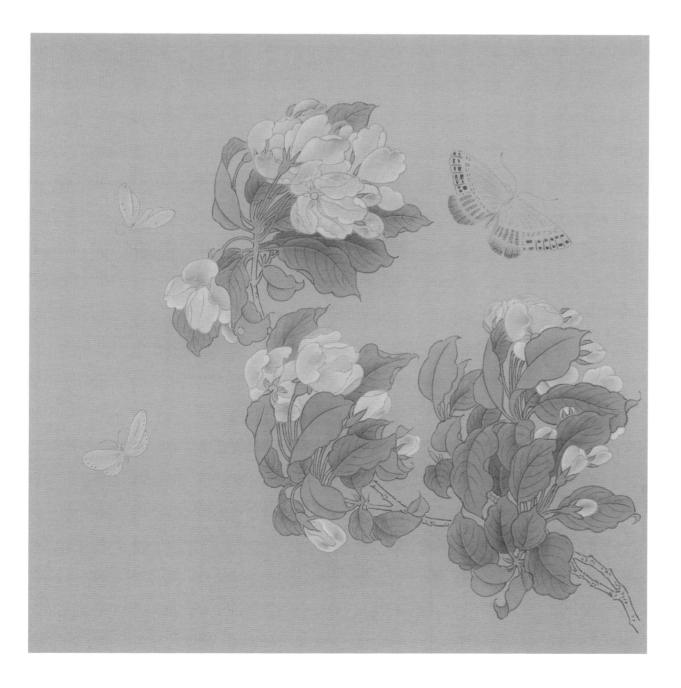

步骤四

　　用白粉先薄薄平罩一遍，再从花的边线往里分染，两只粉蝶同理。之后在背面反衬白粉，白粉厚涂一遍即可。

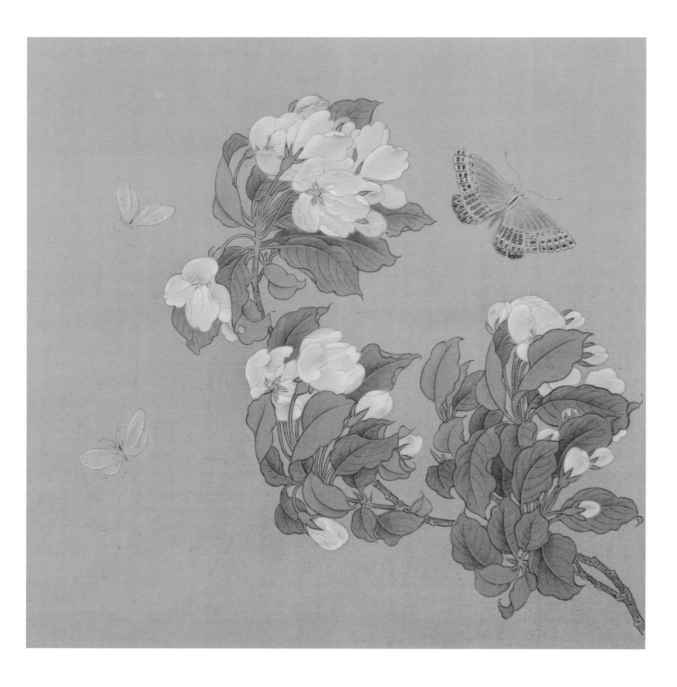

步骤五

　　树干用淡墨分染，石绿分染反叶，之后用石绿加白提线，正叶用赭墨醒线，用淡墨分染花蝶，朱磦、白粉勾出图案。

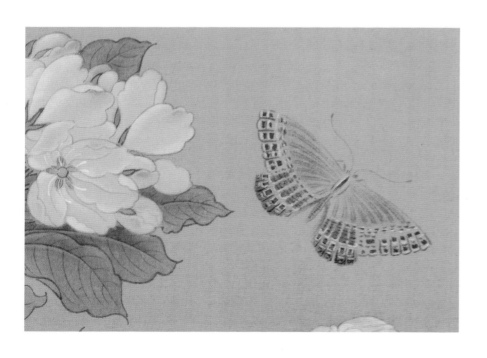

海棠蛱蝶图（局部一）

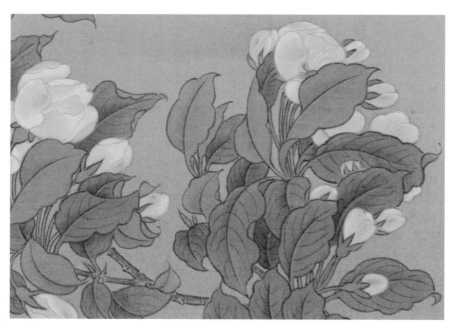

海棠蛱蝶图（局部二）

三、枇杷山鸟图

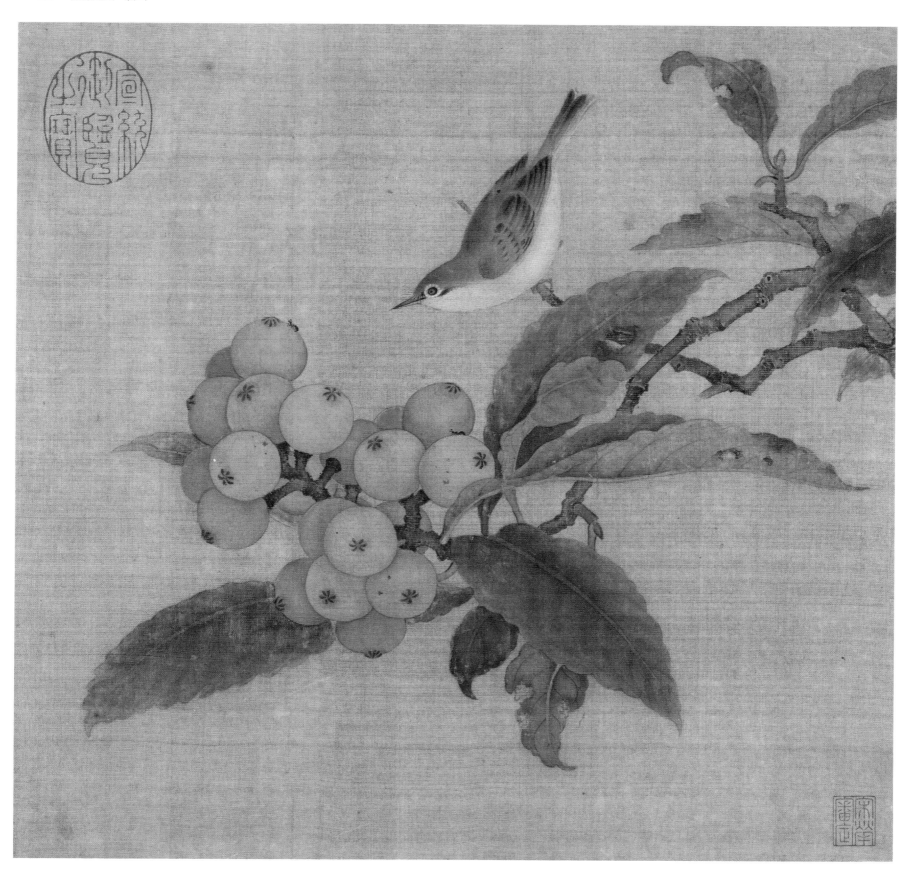

枇杷山鸟图　林椿　绢本　26.9cm×27.2cm

　　图绘一只小鸟翘尾引颈栖于枇杷枝上正欲啄食果实，却发现其上有一只蚂蚁，便回喙定睛端详，神情十分生动有趣。画面静中有动，妙趣横生。笔法工整细腻，造型生动逼真，充分反映了宋代花鸟画在写实方面所达到的艺术水平。

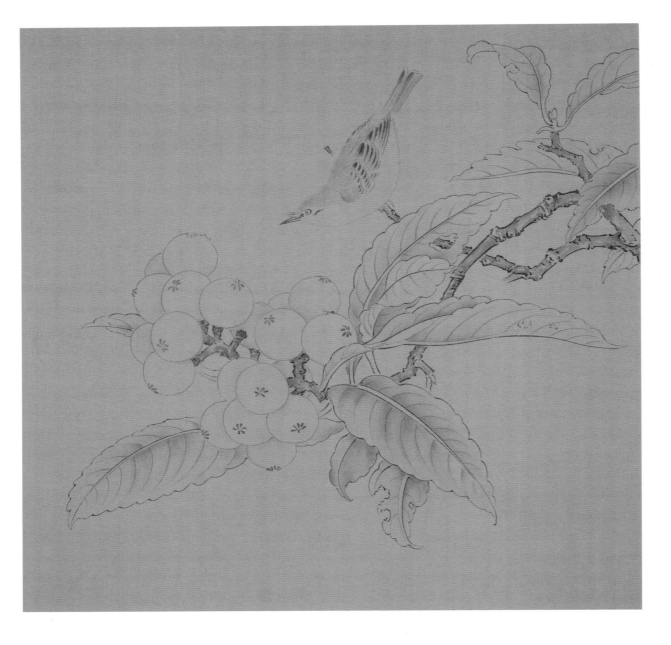

步骤一

用重墨勾鸟的眼睛、嘴，还有枝干和叶子。中墨勾鸟背，淡墨勾枇杷、鸟腹。丝毛时一定要虚起虚收，以画出鸟羽毛的蓬松感。

用墨分染树干、鸟背、尾及复羽飞羽。重墨分染飞羽及尾羽，中墨分染鸟背、鸟嘴和树干。开始画时墨色可淡些，多染几遍，以便于调整。

用花青墨分染树叶，要留有水线。用淡墨分染出果子的暗部。

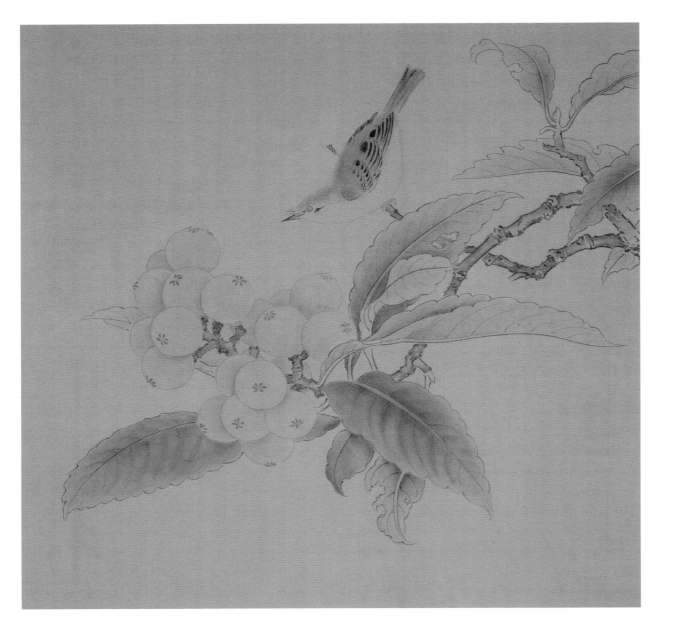

步骤二

正叶用花青墨顺叶脉分染，然后鸟背部以及正反叶平涂淡草绿色（花青加藤黄）。可以在叶子的边缘留一些空白，用水笔染开，这样叶子的颜色会更丰富，罩染需要多遍，每次的染色也可以做色相上的调整。枇杷果平涂淡黄色。

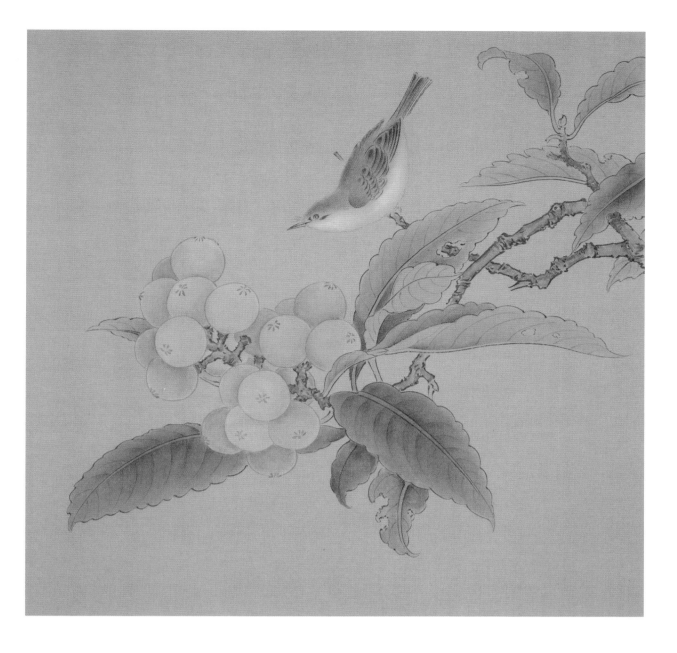

步骤三

继续分染鸟背部以及正反叶，叶子罩染时须加一些三绿至需要的效果，从绢背面把叶子反衬三绿可增加叶子的厚重感。树干用赭石墨渲染。枇杷果平涂一层薄白粉，再用藤黄、曙红、墨反复分染。在分染的过程中，可以不断调整颜色，注意枇杷果的空间关系变化。然后在绢背面的果实部分上厚白粉，以增加果实的体积感。鸟下颌、胸腹部分分染及反衬白粉。

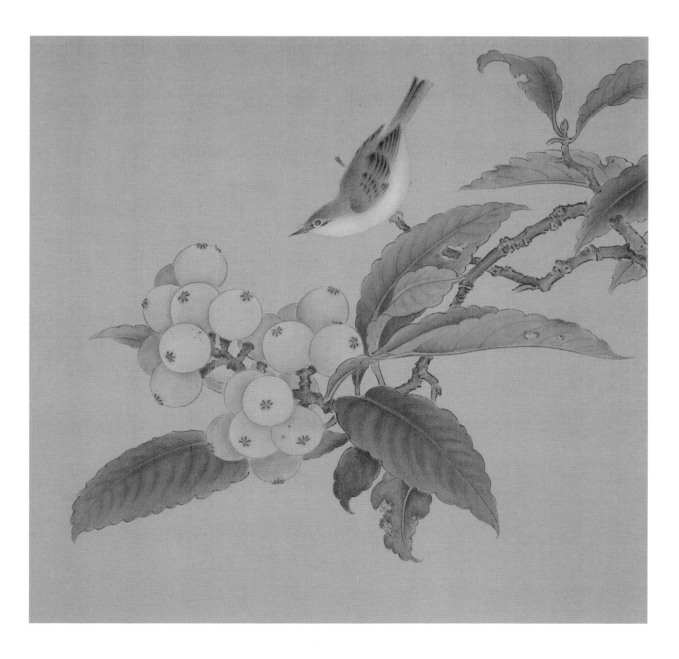

步骤四

鸟背部用墨绿丝毛，眼睛四周用白粉点圆点，眼睛上淡朱磦后用重墨点睛。鸟下颌、胸腹部用白粉丝毛。鸟爪用石青上色。枇杷暗部用赭墨从边缘往中间分染后用四绿再次提染。顶部的果蒂用草绿点染再用赭墨复勾。细笔蘸浓墨画两只趴在枇杷上的蚂蚁。反叶用薄四绿从叶边提染后用淡赭石从根部再次统染。最后调整画面，色彩画过的地方可以洗一洗，以使整个画面协调。

四、花篮图

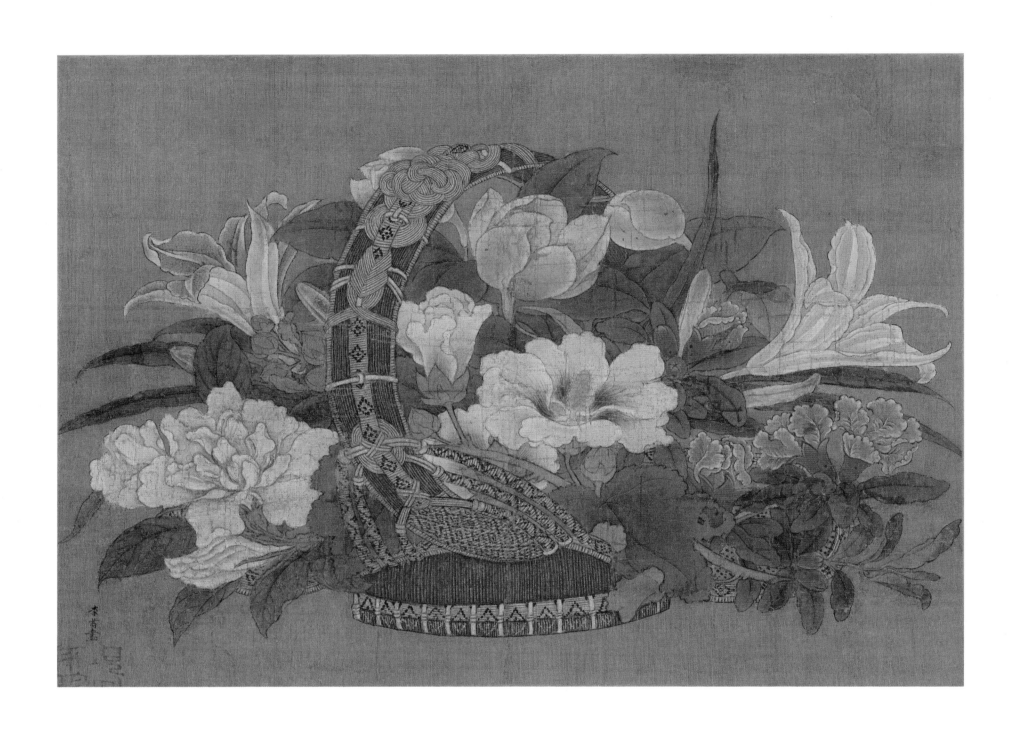

花篮图　李嵩　绢本　19.1cm×26.5cm

　　此图描绘在精美的花篮中盛开的鲜花。在极小的空间内，安排布置形形色色、色泽各异的各类花卉，搭配得错落有致，在繁杂中取得和谐，足见作者的功力，且花篮滕纹结构准确，几乎可以乱真。此画重彩浓艳且不俗，刻画入微、疏密得体，于生动中见严谨，是描写静物的写生佳作。

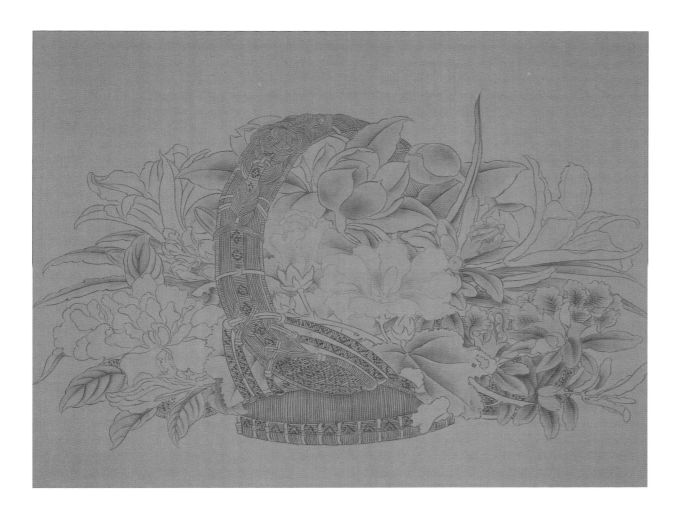

步骤一

本图分别描绘了蜀葵、萱花、栀子花、石榴花、夜合花等夏季花卉。根据物象最后着色深浅程度，用不同的浓淡墨色勾勒出各种花卉和花篮。以花篮为最重墨色。

所有花叶用墨分染，要注意墨色的层次变化。中间的蜀葵用胭脂加曙红分染，石榴花用胭脂墨分染，花托平涂曙红，上边的夜合花用花青分染。

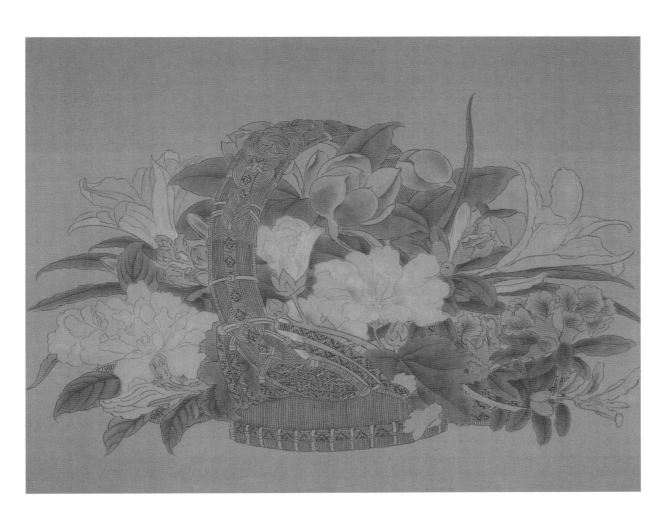

步骤二

继续用花青墨分染所有花叶，然后罩染草绿。注意反叶最左边白色栀子花和蜀葵的花托枝干要淡，所有花头平涂一层白粉。

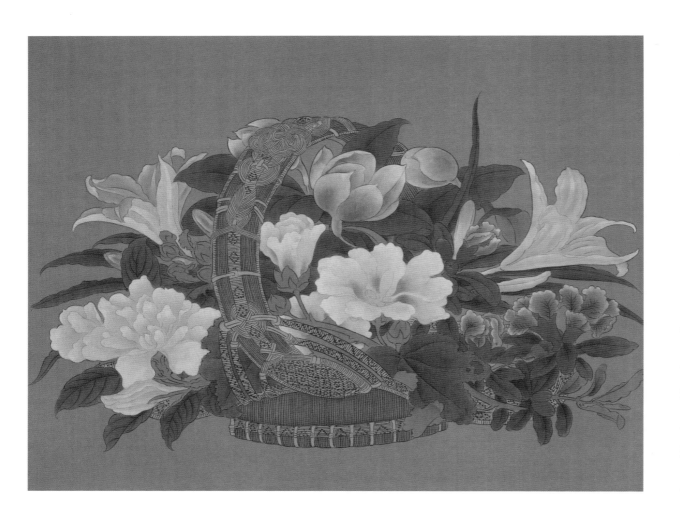

步骤三

　　花篮的深色部分平涂一层淡赭色，花篮亮色部分上白粉。红色萱花用曙红加藤黄分染，黄色萱花用藤黄分染。蜀葵用胭脂统染。用白粉提染所有花朵，然后在绢的背面反衬厚白粉。石榴花花托平涂朱磦，后面反衬厚朱磦。

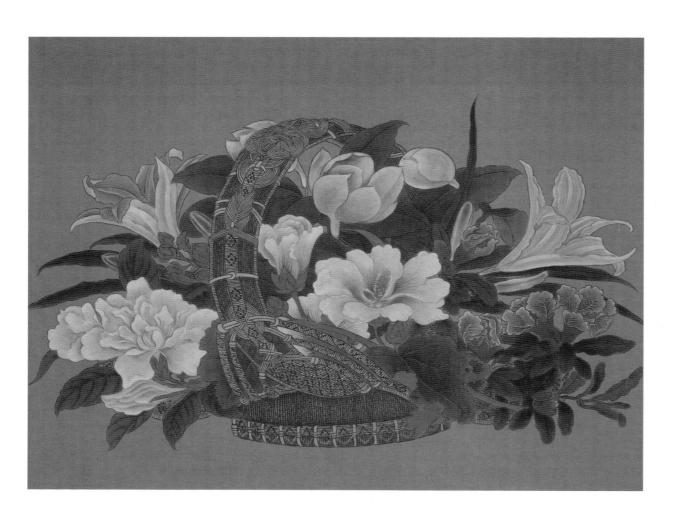

步骤四

　　花篮用白粉、赭墨勾线，用重墨、胭脂画花篮上的花纹。栀子花和蜀葵的花托、枝干及反叶上石绿色，整体从后面反衬淡石绿。石榴花叶尖枯萎的部分用赭石墨点染。用胭脂加花青染栀子花，后用粉黄点蕊。蜀葵用胭脂、白粉勾花丝，花蕊点白粉于花房上。石榴花先用胭脂后用浓白粉勾勒花脉，花托用胭脂墨画几点虫斑。最后调整画面，以使整个画面协调。

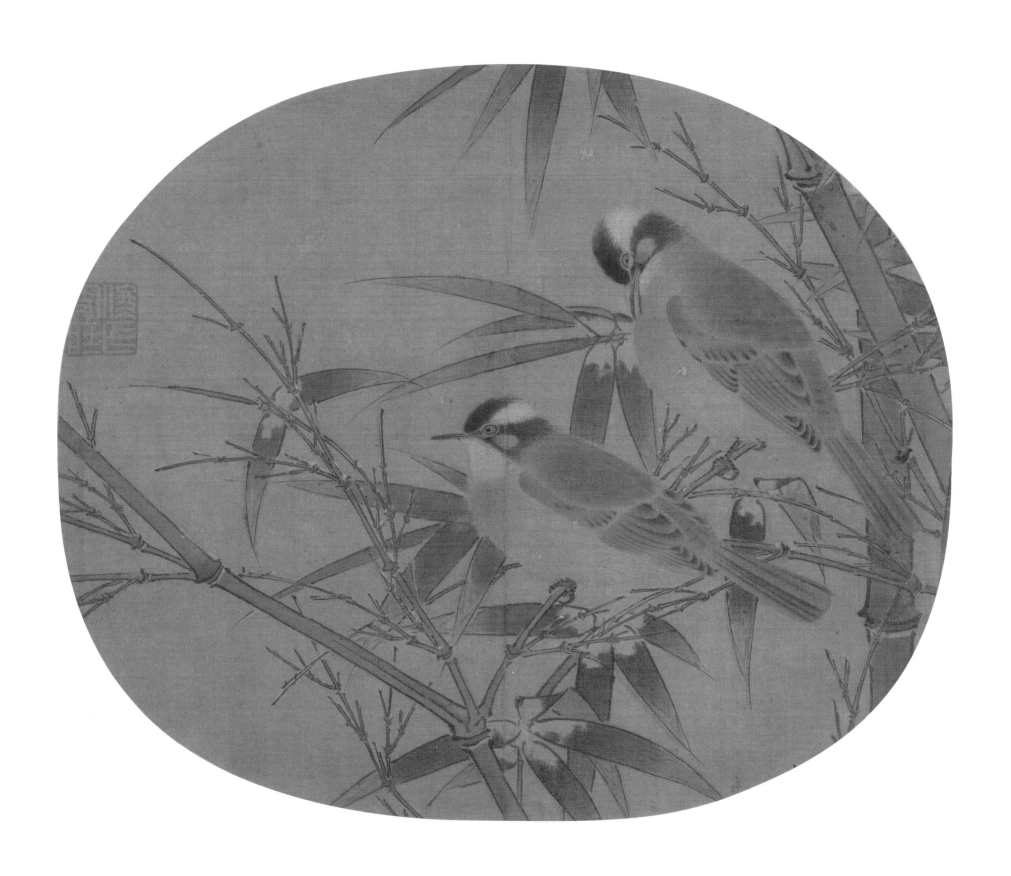

白头丛竹图　佚名　绢本　25.4cm×28.9cm

　　此图绘两只白头翁栖息于竹枝之上。作品形象生动自然，用线讲究，色调沉着。竹枝、竹叶用挺拔严谨的双钩画法，再敷以淡色。两只白头翁先层层分染，再用细笔丝毛画出羽毛的蓬松感。画面中鸟的蓬松灵动与竹枝、竹叶的刚健有力形成鲜明对比，从而取得刚柔相济的艺术效果。

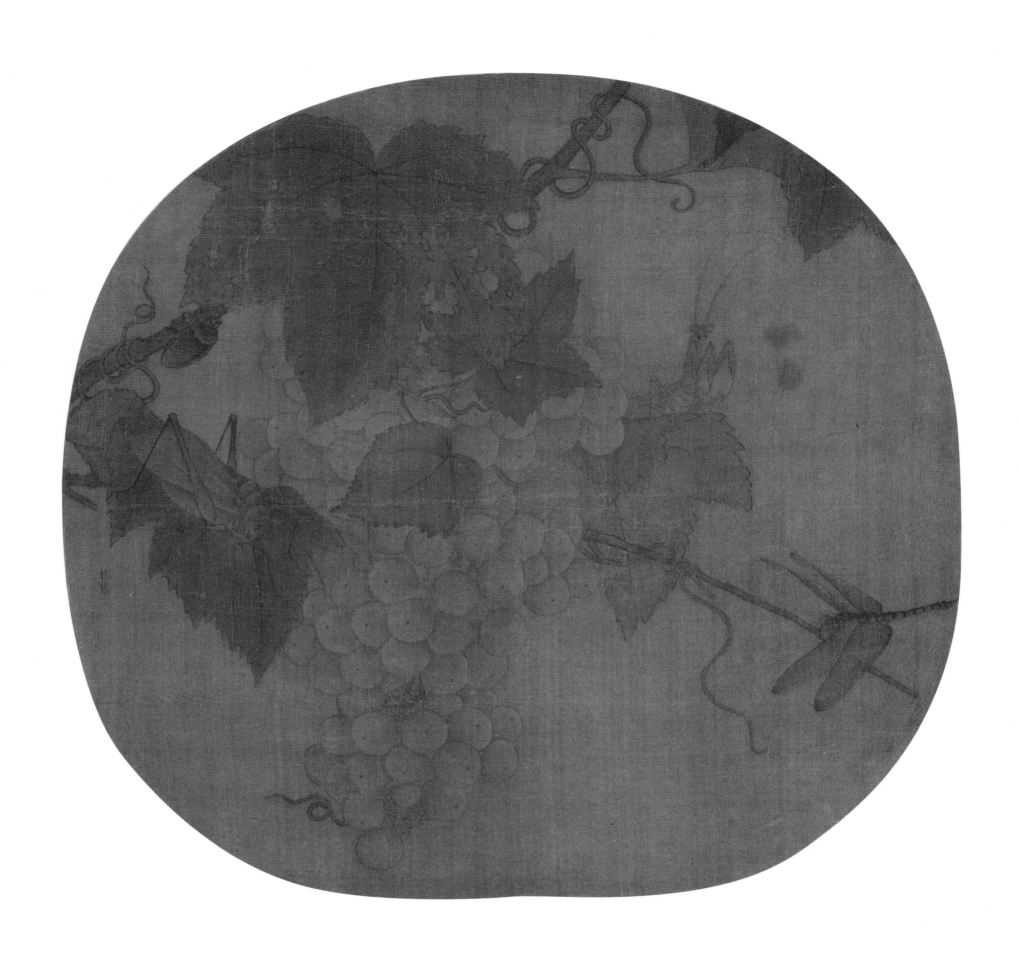

葡萄草虫图　林椿　绢本　26.5cm×27.8cm

　　图中绘各种小昆虫围绕在累累的葡萄周围，叶、果与草虫动与静相结合，充满生机，富有情趣。此画用线极严密精细，无论是草虫，还是枝叶、果实，都是在同一色调中层层晕染，差别微妙，细致入微地表现形象的质感，生动逼真。左下方署林椿。

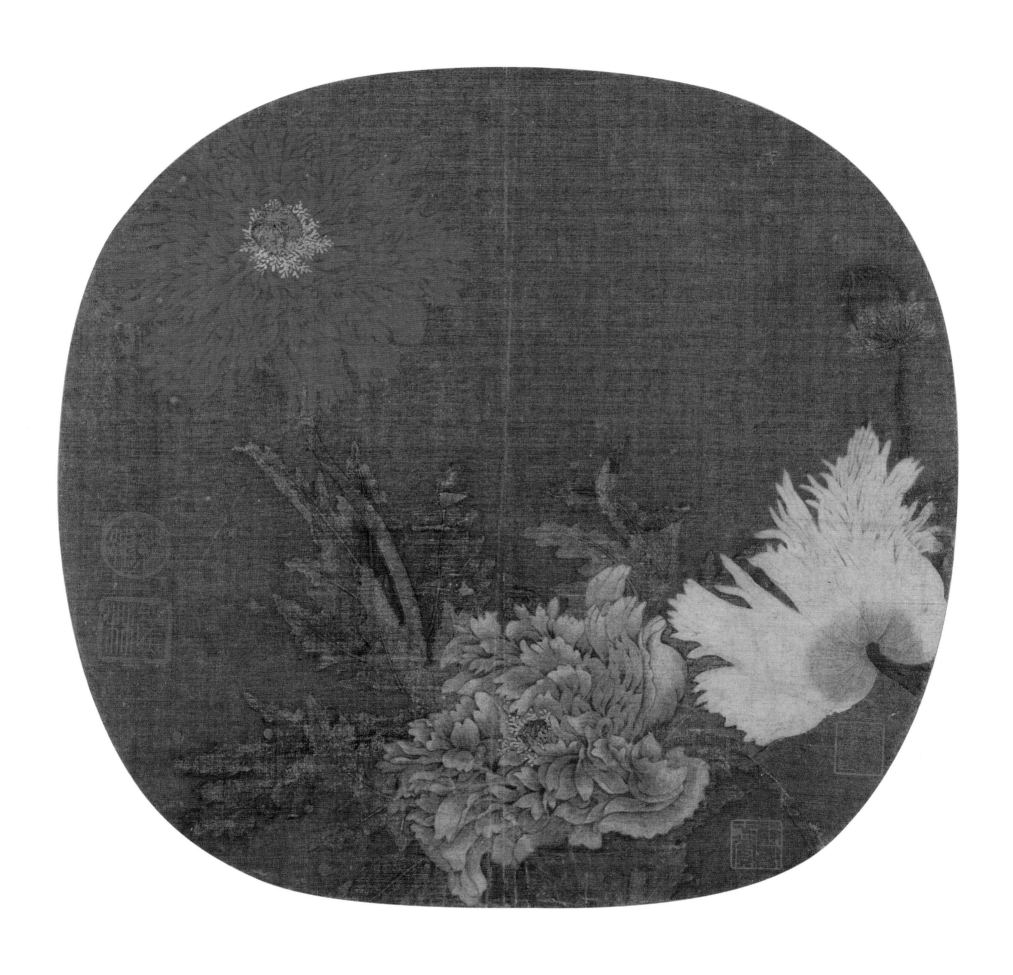

虞美人图　佚名　绢本　25.5cm×26.2cm

　　此图描绘簇拥有势、娇羞欲滴的三枝虞美人茎叶扶疏，如歌如舞。此画属工笔重彩，构图生动，刻画精到，细致入微。用笔轻细严谨，矩度娴熟。色彩丰富，典雅自然。底子的颜色暗雅浓重，更好地衬托出虞美人的娇艳。此图据分析应出自南宋画院高手。钤有"焦琳""仓岩子"等收藏印。

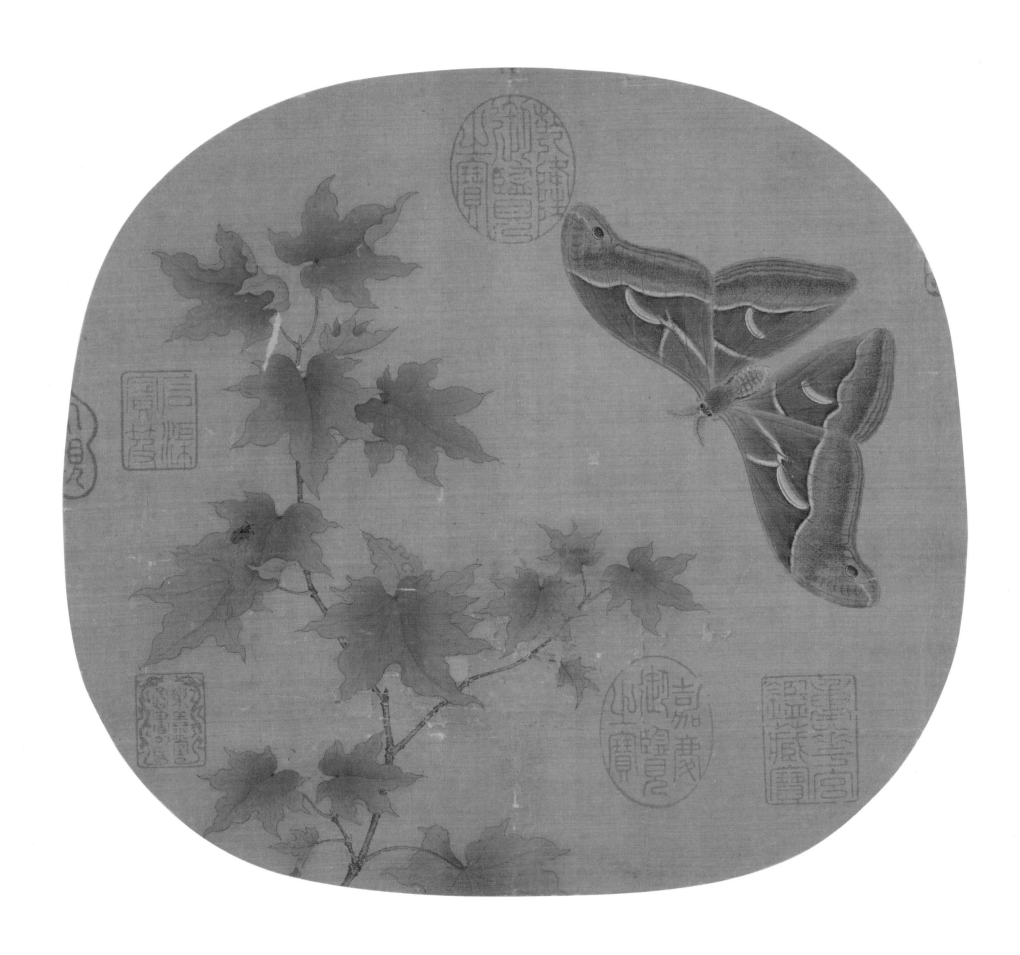

青枫巨蝶图　佚名　绢本　23cm×24.2cm

　　图左下方伸出枝叶婆娑的枫树一株。一只巨蝶从右上侧凌空飞临，更有一只鲜红的小瓢虫伏于枫叶之上，十分俏皮可爱。以细线勾勒，笔若游丝，使蝶与枝、叶的形态皆极为轻倩灵秀，细致入微，画风高度写实。设色淡雅明快，给人以清新出尘之感。

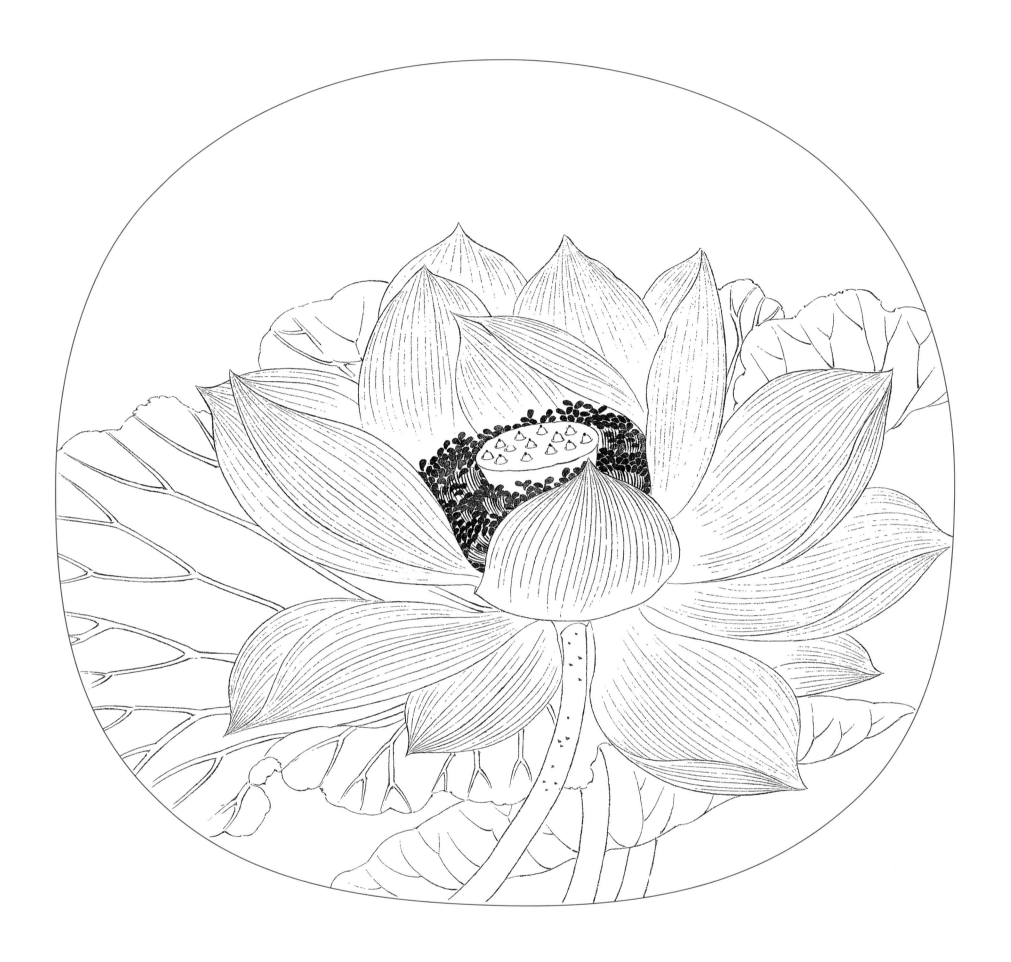

出水芙蓉图

　　此图可以看到宋人精湛的技法，也说明宋人花鸟画更着眼于物象自身的精神和质感的描绘。原画图中花瓣脉络为色线，为方便初学者临摹，故而将花心、花丝一同用墨线勾出，临摹者上正稿时一定注意不要用墨线勾勒。荷花花瓣圆润饱满，勾线时要用淡墨中锋用笔，线条要富有弹性。

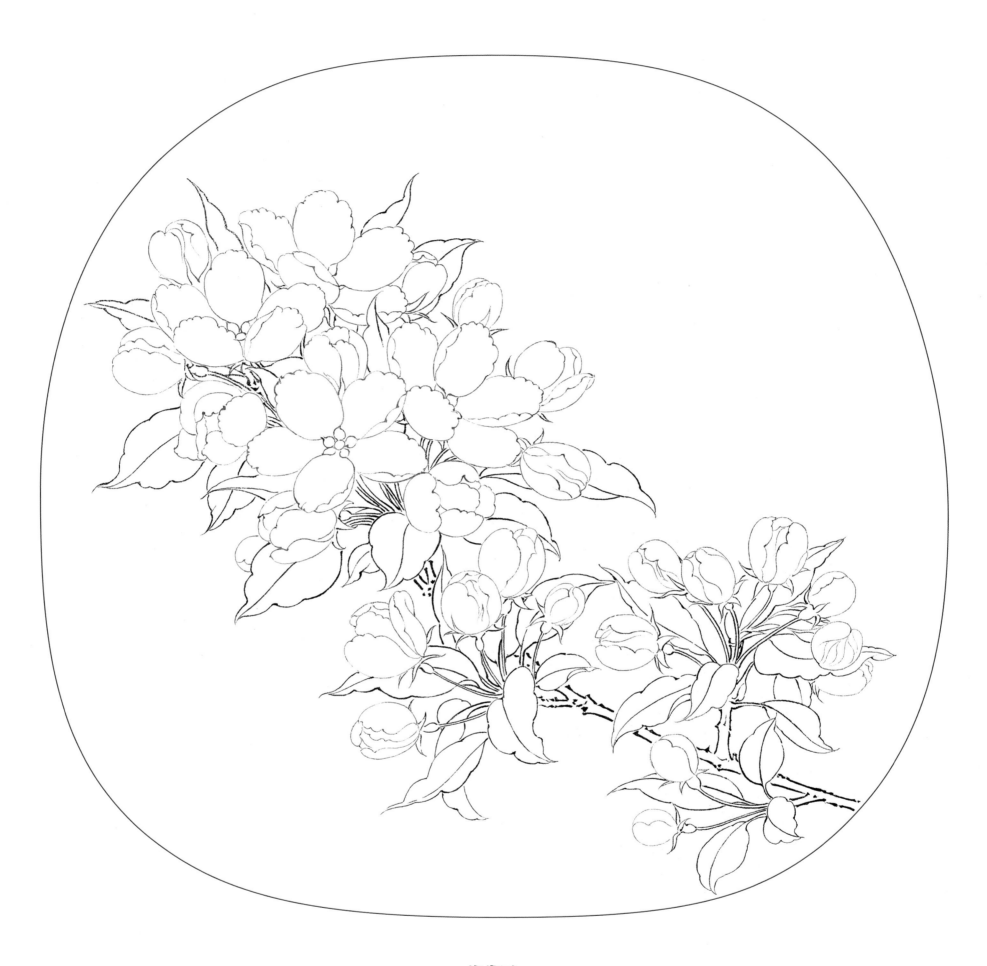

海棠图

　　此图画面注重海棠花的聚散、开合、正反及枝叶的层次关系，具有很强的体量感。勾花瓣时，其用笔要圆润饱满，富有弹性，注意起、行、收的用笔变化。花瓣其细微处用笔要到位，应一丝不苟，不可草率用笔。勾叶时要注意其每组的生长关系。

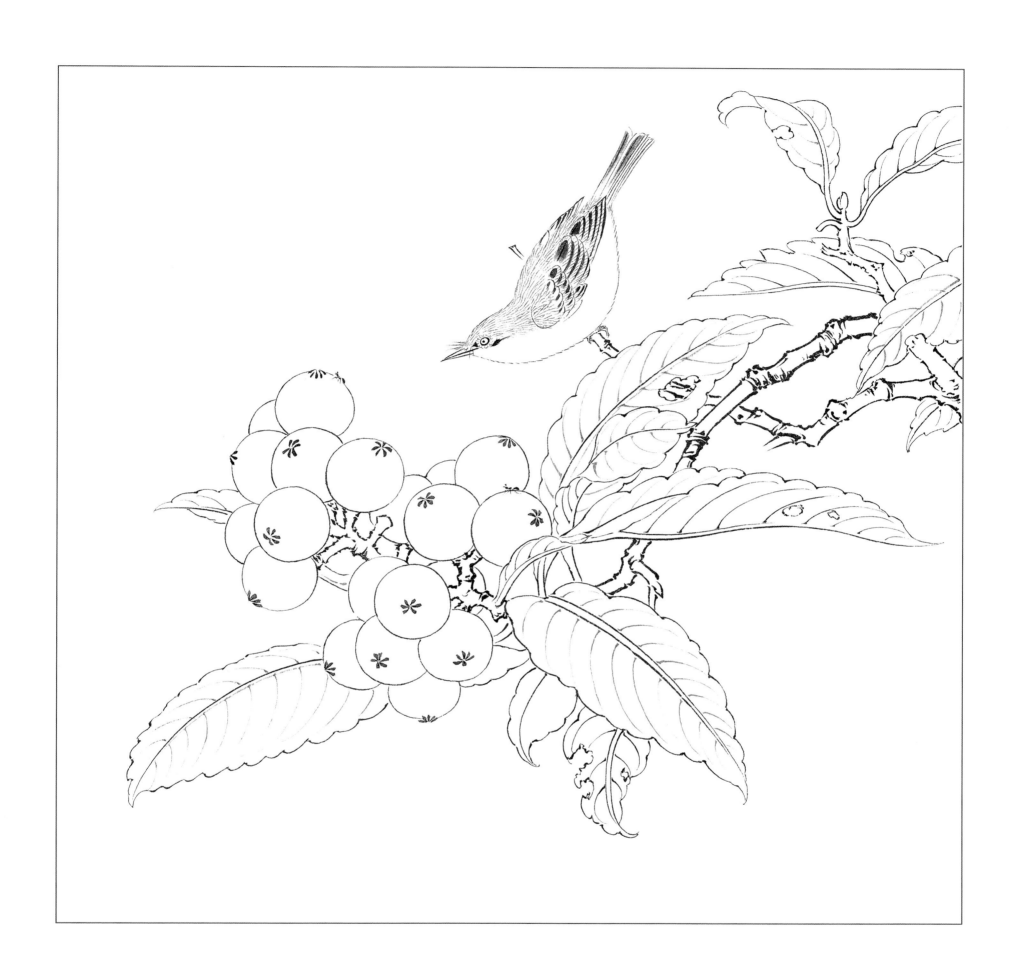

枇杷山鸟图

从此画可以看到宋代花鸟画对于客观物象的观察丝丝入微和描绘技法纯熟精细。这只绣眼小鸟的羽毛以工细而不板滞的小笔触丝毛，既表现出鸟背羽毛坚密光滑，又有腹毛蓬松柔软的不同质感。枇杷叶果用笔工整细腻，树干用笔粗糙沉稳。注意要画出叶面翻转向背的各种自然形态，且将爬行的蚂蚁和叶面被虫叮咬的残破痕迹都点染勾勒得细致入微。

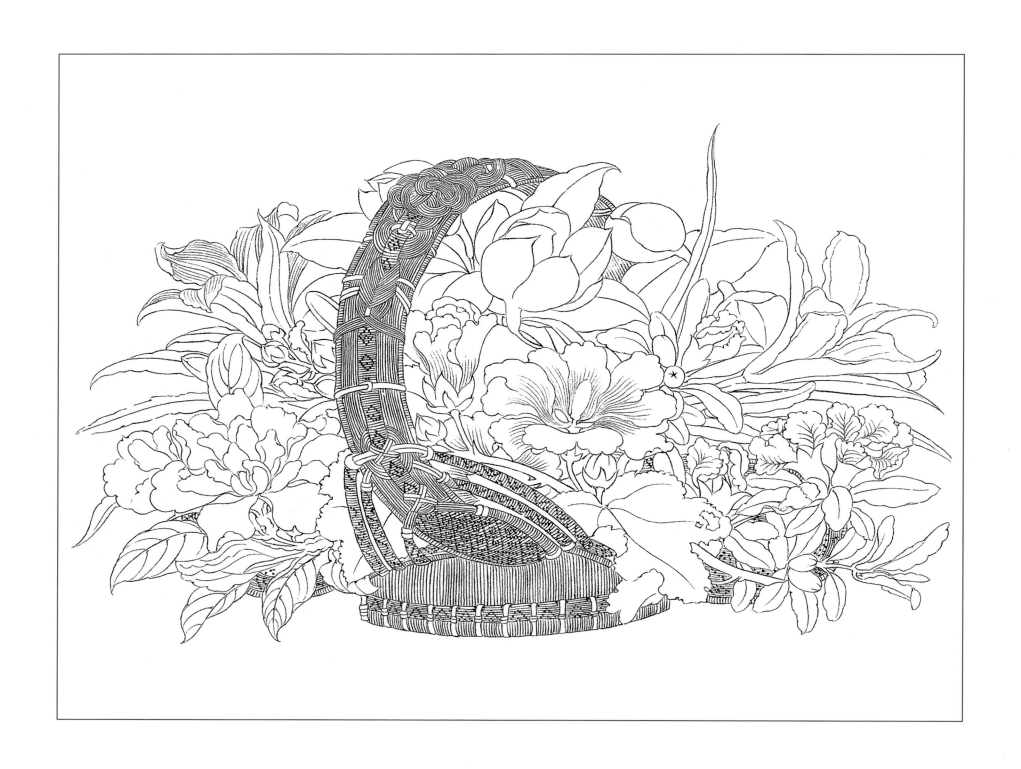

花篮图

  在此图的描绘中，花篮的造型特点给了线描在画面中丰富细腻的表现形式，同时线描也准确精细地把花篮的结构关系体现出来。临摹时，花篮的用笔应实起笔、实收笔，笔笔有序，间隔要均匀，墨色要一致。在花卉的刻画上，起笔处藏锋有钉头，收笔有回锋，转笔处应有弹性，折笔处有停顿，多呈"一波三折"之势。同时注意行笔有快慢的变化。花的线条要略细于花叶。勾花叶、花头时注意其生长规律，使之生长于花茎、枝干上。在繁杂的花叶中还应注意其俯仰向背关系。

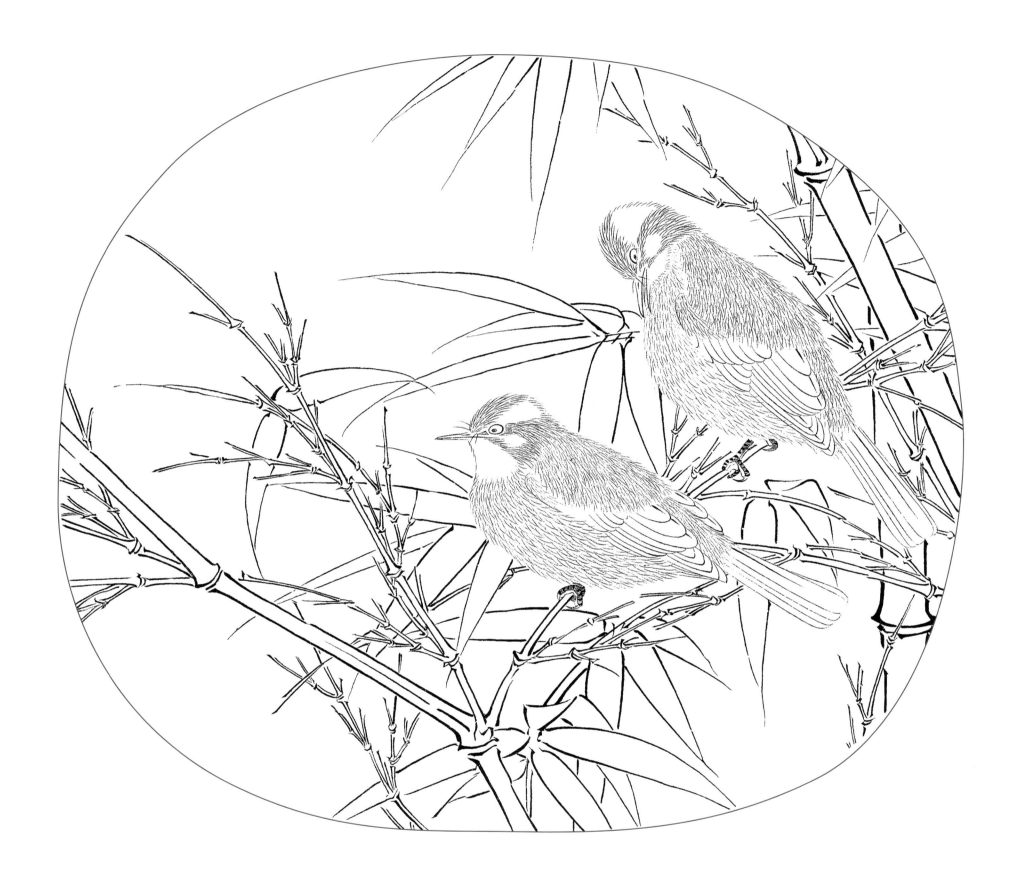

白头丛竹图

　　花鸟画中的线描"因形而殊，因质而异"。一般质地硬的线条要画得粗壮挺拔，质地软的要画得柔软圆润。此图中，竹叶、竹枝，中锋用笔，顿挫有力。鸟毛蓬松柔软可先染后勾，为方便初学者掌握其形态，这里先把鸟的羽毛画出来。设色时，竹叶、竹枝以花青墨分染出明暗，罩染草绿，叶尖处留白。从叶尖处提染赭色，再用赭墨勾出叶筋。叶根部及竹叶，用少许白粉染出残雪。画鸟时先染出浓淡不同的羽毛关系，头、下颏染白粉，腹部可从绢背面反衬少许白粉，以与背景有所差别。最后丝毛时用笔要虚起虚收，且不宜过重过实。

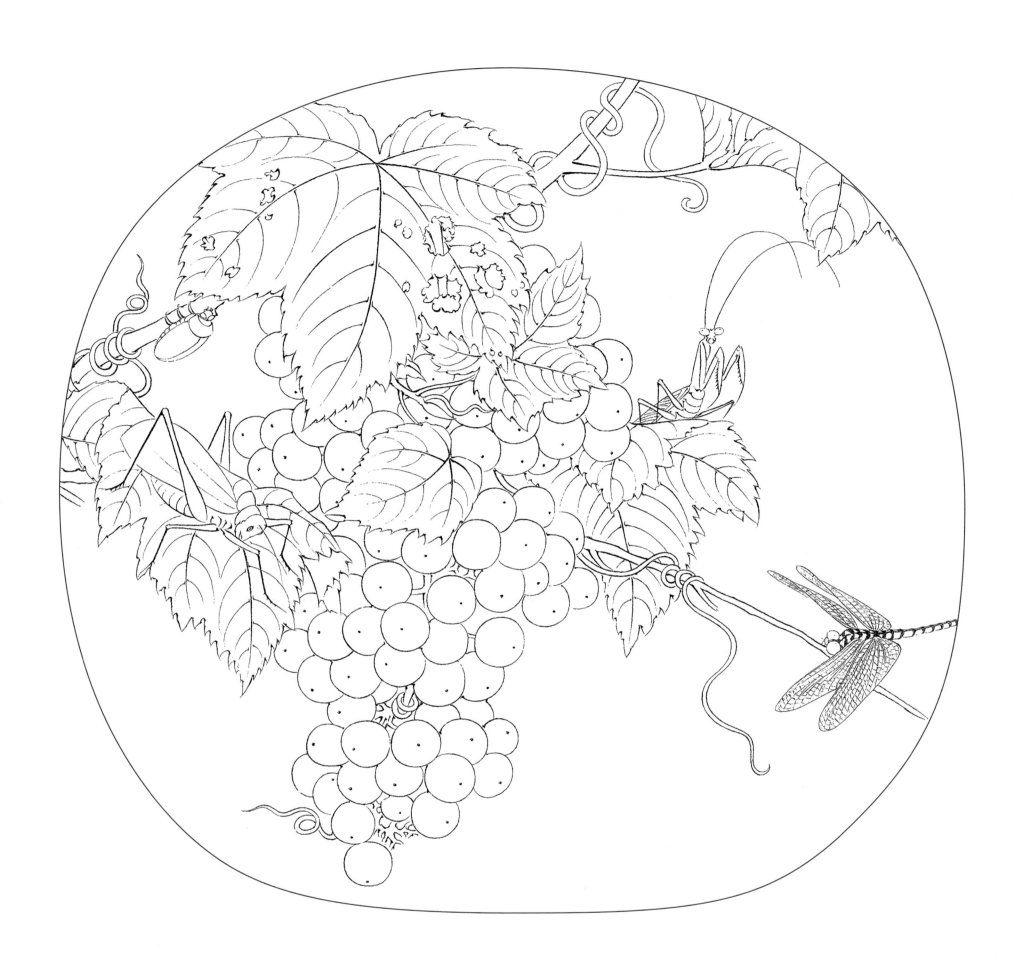

葡萄草虫图

　　此图中线条没有大的粗细变化，但用法极其严密精细。注意勾线时虽细但要有韧性，要圆润均匀。特别是蜻蜓翅膀要精细空灵。设色时正面叶用花青墨分染，罩染草绿，留出叶的边缘部分，再从叶的边缘向里提染赭色。反叶用草绿打底色，正反叶罩染淡头绿。画葡萄时，先以淡花青墨分染出层次关系，罩染淡草绿，再染淡石绿，以增加其厚度。要注意正叶、反叶和葡萄三者间色彩的微差及透明色、半透明色、石色的不同，枝干染赭墨。画蜻蜓时要注意翅膀的透明质感。

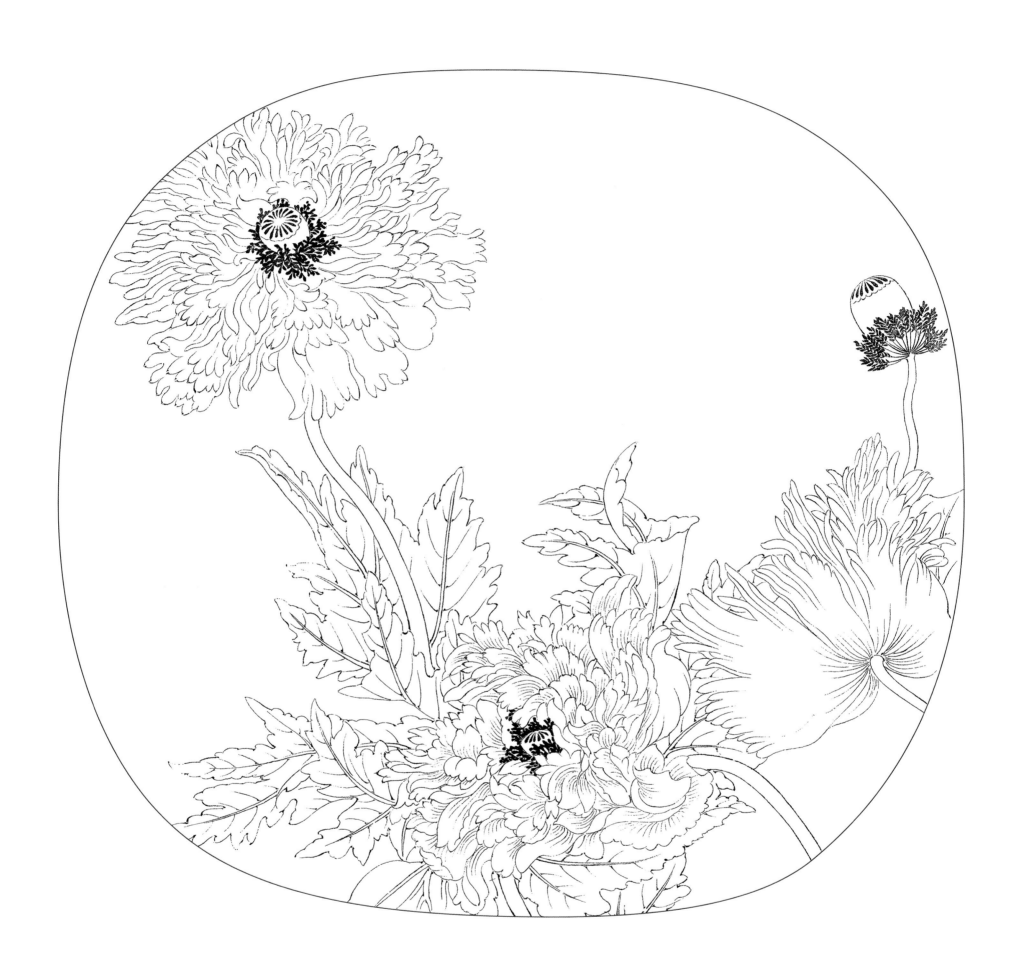

虞美人图

　　图中因底色较重，线条不那么明显，但对于学习者来说，不可因为色彩的视觉冲击而忽略线的表现力。上色时，红花先用胭脂、曙红分染出层次。再罩染曙红、朱磦，背面反衬朱磦。粉紫花先平涂薄粉，用胭脂加花青调成紫色，分染出层次，再用白粉从瓣尖向瓣根提染。浅红花用牡丹红色以同样的方法画出。绿叶用花青墨分染，罩染草绿，再罩薄石绿，注意正反叶的差别，叶尖部用石绿加白提染。最后在绢背面衬上白粉（红花除外），上胶矾固定，再平涂底色，以显示古朴深沉的背景。

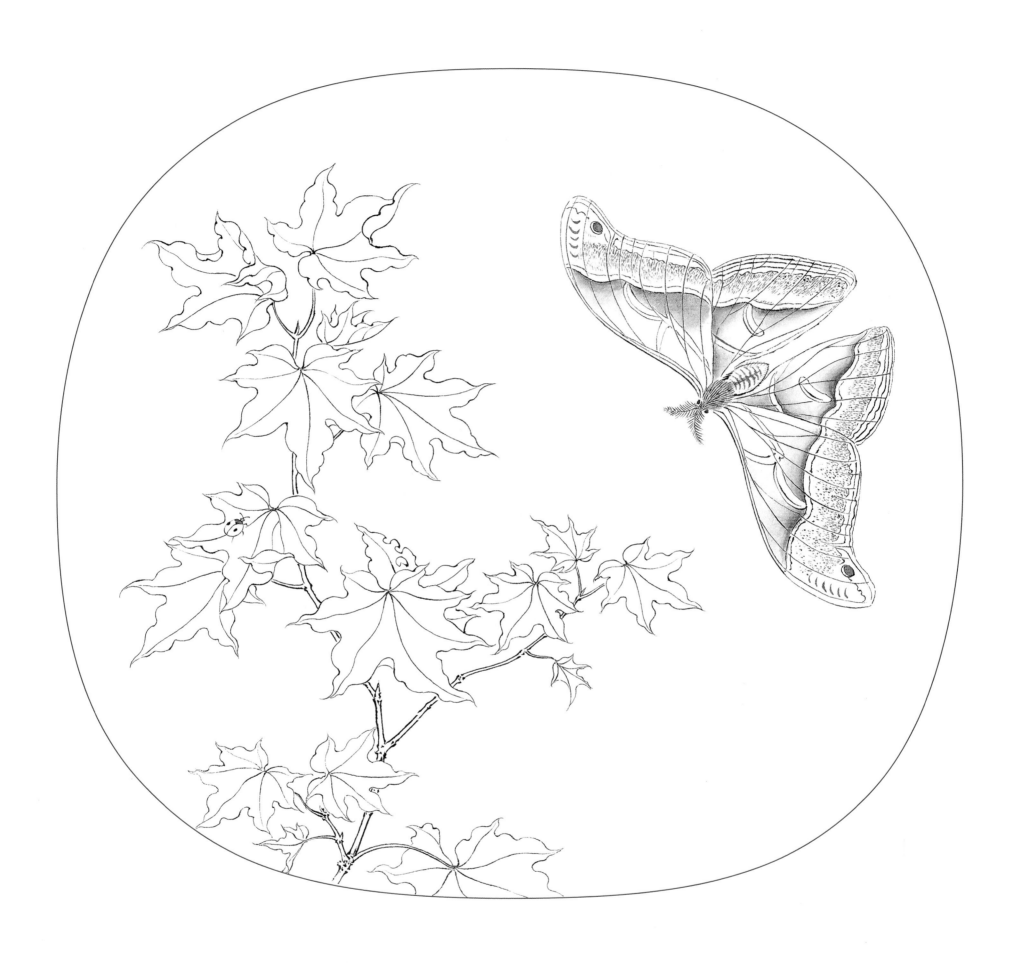

青枫巨蝶图

　　此图用细线勾勒，笔若游丝。老枝干用笔要凝重、厚重些，使蝶与枝、叶的形态皆显得极为轻倩灵秀。设色时正叶用花青墨分染，正反叶罩染草绿、石绿。注意正反叶绿色的差别。小瓢虫罩染曙红、朱磦，重墨画黑斑及眼睛、爪、触须。画面红绿对比鲜明，但不落俗套。蝴蝶翅膀用墨分染黑色色斑，花纹部分提染白粉、朱砂，靠近翅膀边缘处染淡赭石，翅膀上的绒毛质感需用小笔蘸墨细心点出。

图书在版编目（ＣＩＰ）数据

宋人花鸟小品解析．一 / 王岚著． — 沈阳 ：辽宁
美术出版社，2023.4
（高等美术院校中国画教学丛书）
ISBN 978－7－5314－9085－2

Ⅰ．①宋… Ⅱ．①王… Ⅲ．①花鸟画－国画技法
Ⅳ．①J212.27

中国版本图书馆CIP数据核字（2021）第252845号

出 版 者：辽宁美术出版社

地　　　址：沈阳市和平区民族北街29号　邮编：110001

发 行 者：辽宁美术出版社

印 刷 者：辽宁新华印务有限公司

开　　　本：889mm×1194mm　1/8

印　　　张：5

字　　　数：50千字

出版时间：2023年4月第1版

印刷时间：2023年4月第1次印刷

责任编辑：王　楠

书籍设计：陈静思

责任校对：郝　刚

书　　　号：ISBN 978－7－5314－9085－2

定　　　价：35.00元

邮购部电话：024－83833008

E－mail：lnmscbs@163.com

http://www.lnmscbs.cn

图书如有印装质量问题请与出版部联系调换

出版部电话：024－23835227